AF565376

Torgau
Hoyerswerda
Riesa
Kamenz
Leipzig
Grimma
Meißen
Bautzen
Görlitz
Dresden
Zittau
Chemnitz
Freiberg
Pirna
Zwickau
Marienberg
Aue
Plauen

GUNTER BÖHNKE UND PETER UFER

Sächsisch

Illustriert von
Axel Bierwolf

Dudenverlag
Berlin

Hochdeutsch ist verhunztes Sächsisch

Die Redekunst der feinen Gegensätze

Sächsisch soll der unbeliebteste deutsche Dialekt sein. Das sagen Umfragen. Manche Deutsche meinen sogar, Sächsisch sei das, was beim Scrabbeln übrig bleibt. *Nu, nu - nee, nee!* Sächsisch klingt ausgesprochen gut. Der Dialekt ist dialektisch. Er ist die Redekunst der feinen Gegensätze.

Der Sachse sächselt, wer sächselt, ist Sachse, aber nicht alle in Sachsen sächseln. Und nicht alle Sachsen sprechen dasselbe Sächsisch. Die Mundart ist vielfältig und geht gern bequem den Weg des geringsten Widerstandes. Sächsisch ist nachgiebig, die Sprache gibt nach. Wie der Klügere. Um die Sächselnden zu verstehen, hilft dieser Dialekt-Duden. Obwohl, auch das sei gleich am Anfang erwähnt, nicht jede und jeder in Sachsen verstanden werden will. Die Rederei dient ausdrücklich auch dazu, sich nur untereinander zu verständigen. Die Unverständlichkeit für andere gilt hier als Überlebensstrategie. Wer die Heimatverbliebenen dennoch verstehen will, der soll Verständnis zeigen. Wer das zeigt, ist herzlich willkommen.

Sächsisch ist keine westdeutsche Erfindung, sondern der einzige Dialekt, der zweifelsfrei als ostdeutsch identifiziert werden kann. Wer sächselt, ist immer als

Neufünfländer zu erkennen. Sächsisch ist zudem der einzige Dialekt, der von den Nazis verboten wurde und in der DDR von offizieller Seite als höchst verdächtig galt. Im Kabarett, zu Hause oder am Stammtisch dagegen quasselten alle frei von der Zunge weg und legten Doppeldeutigkeiten in die Wortgruppen.

Wir *zwee beedn* Sachsenversteher nehmen die Lexik wirklich wörtlich. Wir offenbaren Seite für Seite den Wortschatz von *Asch* über *Modschegiebschn* bis *Zimmddsiesche*, von *babbsch* über *muddln* bis *Wambe*, von *Diggnischl* über *Rabusche* bis *Schesslong*. Anhand einzelner Wörter werden Historie, Bedeutungsinhalte, Grammatik, Aussprache, Ursprung und Syntax des Dialektes mundgerecht serviert.

Jede Vokabel eröffnet einen Sprachraum, von denen Sachsen über 20 besitzt. Das hat einen historischen Grund: Das variantenreiche Sprachgebiet entstand einst im Zuge der Besiedlung im 12. und 13. Jahrhundert durch deutschsprachige Bevölkerungsteile aus dem nieder-, dem mittel- und oberdeutschen Raum. Es vermischten sich niederdeutsche, fränkische und bairische Mundarten, sie überlagerten sich mit dem Slawischen, das hier bisher vorherrschte, ersetzten es mit Ausnahme des sorbischen Gebietes. Genau genommen ist Sächsisch das schöne Ergebnis einer lang anhaltenden Einwanderungsbewegung samt sprachlicher Variation. So herrscht im Sachsenland bis heute verbaler Pluralismus und Sprachfreiheit. Möglich, dass sich die *Hiesschn* deshalb immer mal wieder wehren, wenn sie meinen, jemand will ihnen die Freiheit nehmen.

Hinzu kommen im Sächsischen französische, jiddische und hebräische Einflüsse. Es gibt auch Ausflüsse, sogenannte Exportvokabeln. Das Englische ist voll davon. Einst übersetzte Martin Luther die Bibel ins Meißner Kanzleihochdeutsch und ins Obersächsische. Sächsisch war plötzlich eine segensreiche Sprache für alle, die deutsch schreiben und sprechen wollten. Die sächsische Sprache, insbesondere das Meißner Kanzleihochdeutsch, prägte Stil, Orthografie und Grammatik des Deutschen. Sächsisch galt als das beste Deutsch, es besaß und brachte vom 16. bis ins 18. Jahrhundert hinein Prestige, war Leitsprache. Der Dichterfürst Goethe reiste nach Leipzig, um die sächsischen Wörter und die Sprachmelodie zu lernen. Deshalb ist Sächsisch heute kein verhunztes Hochdeutsch, sondern Hochdeutsch ist verhunztes Sächsisch.

Übrigens kommt der Duden ursprünglich aus Sachsen. 1880 erblickte das Wörterbuch im Bibliographischen Institut in Leipzig das Licht der Welt. Der erste sächsische Dialekt-Duden setzt nun diese erlesene Geschichte buchstäblich fort. Aber verbindlich ist dieses Wörterbuch deshalb noch lange nicht, denn es widerspiegelt eine Sprache, die vor allem in und um Dresden, Leipzig sowie teilweise Chemnitz gesprochen wird. Das ist eine Art Großstadtsächsisch, das um sein Dasein ringt. Sächseln ist allerdings nicht abwaschbar, das Idiom verschwindet nicht einfach so, die Sprachmelodie bleibt und ist auch in den größeren Städten nicht zu überhören. Im Erzgebirge, der Oberlausitz und im Vogtland sprechen die Menschen noch viel intensiver ihr heimisches Sächsisch samt lexikalischen und phonetischen Besonderheiten. Hier gilt der Dialekt als identitätsstiftend und gemeinschaftsbildend.

Bei der Schreibweise wird es richtig kompliziert. Die einzige Regel, die bei der Saxografie gilt, heißt: Es gibt keine Regel. Da gilt das gesprochene Wort, also die Lautform. Ganz egal, was und wie jemand schreibt, es ist immer richtig. Hauptsache, es fühlt sich gut an. So betrachtet, gehört Sächsisch zu einer modernen Form der Rechtschreibreform, denn es gibt mehrere geschriebene Möglichkeiten für ein und dieselbe Vokabel. Aber das muss nicht zu jeder Zeit so sein, das kann sich ändern und hat sich geändert. Sächsisch passt sich der Geschichte an und manchmal auch die Geschichte dem Sächsischen. Das nennt sich dialektischer Saxismus.

So unverbindlich verbindlich ist die sächsische Schreibweise in den Beiträgen und den Wortlisten von A bis Z in diesem Dialekt-Duden zu verstehen. Wer sich dennoch nach ein paar Verbindlichkeiten sehnt, der wird sie finden. Zum Beispiel schluckt der Sächselnde bei den Endungen das e, statt st und sp schreiben wir *schd* und *schb*, aus k wird überwiegend *g*, aus ck ein *gg*, aus t ein *d*, aus p ein *b*, aus z ein *ds*. Aber das wird bei jedem Buchstaben von A bis Z einzeln erklärt. Bei der sächsischen Schreibweise bestätigen nicht die Ausnahmen die Regel, sondern die Regeln die Ausnahmen. Selbst die KI hat das bisher nicht vollständig verstanden. Es gibt schon ein SachsenGPT, aber das lässt *Wechstaben verbuchseln* und klingt im Moment eher saarländisch. Dieser Dialekt-Duden wird Fortschritt bringen, denn die KI soll ja lernfähig sein.

Einmal im Jahr feiern wir den Dialekt und küren das »Sächsische Wort des Jahres«. Dazu gibt es seit 2008 immer am 3. Oktober eine Sachsen-Gala, bei der Vokabeln gefeiert werden wie Oscar-Gewinner, Olympiasieger, ein Lottosechser oder eben wie herrliche Wörter, die ausgesprochen richtig gut klingen. Wir betreiben *herdserweechnd* Mundartenschutz. Gewonnen haben dabei schon *Bibbus*, *Schmieche*, *Beschmuh*, *Schnudndeggl*, *Dunsl* und *Därre*. Wer diese Worte mag, mag auch *Asch*, *Haderlumb*, *Mäfdl*, *Nieslbriem* oder *schooflich*. Was das heißt? Bitte umblättern.

Ganz herzlich Gunter Böhnke und Peter Ufer

PS 1: Falls Sie, geneigte Leserin, sich wundern, dass die Verneinung »nicht« von Peter Ufer mit *ni* und von Gunter Böhnke mit *nich* übersetzt wird, so ist die Ursache die unterschiedliche Verwendung des Wortes in Dresden und Leipzig. Durch den unablässigen Gebrauch unseres Büchleins werden Sie, lieber Leser, sich schnell daran gewöhnen.

PS 2: Ein Problem konnten wir nicht lösen: Das Z. Meist haben wir es im Wort als *ds* geschrieben. Wenn wir gar *ni* oder *nich* weiterwussten, haben wir es einfach gelassen. Zum Beispiel: *Polizeier*, der ist zudem auch noch vorn hart.

PS 3: Da wir von der *Fichelands* der sächsischen Lesenden überzeugt sind, haben wir uns entschieden, die alphabetische Ordnung innerhalb der Wortlisten einem subversiven Zufallsprinzip zu unterwerfen.

Abernmauge im Asch

Archaische Begriffe

Aller Anfang ist anstrengend. Besonders für den Sachsen, der ja kein reines A spricht. Aufgrund der obligatorischen sächsischen Lautverschiebung von A zu einem offenen O. (Deshalb gab es in der DDR eine Stadt mit drei O: Korl-Morx-Stodt.) Inzwischen schon eine Nachricht aus Calau …

Anstrengend genug ist es, den Ursprung manch sächsischen Wortes zu finden. Denn: Am Anfang war der Dialekt. (Der für Martin Walser einer Goldwährung glich und für Nicolas Beets zur Sprache des Herzens wurde.) Wir finden ihn schon im Mittelhochdeutschen bei Walter von der Vogelweide und im althochdeutschen Hildebrandslied oder im Lorscher Bienensegen. Und es würde mich nicht wundern, ihn selbst im Gotischen zu finden. Dialektale Feinheiten wiesen dem Sprachwissenschaftler den Weg zu der Gegend eines Landes, aus der ein Text stammen konnte, auch wenn der Autor nicht bekannt war.

Symptomatisch ist das Wort *Modschegiebschn*. Es stammt aus dem westosterländischen beziehungsweise dem westmeißnischen Dialekt zwischen Eilenburg und Borna. Es handelt sich um einen Marienkäfer. Also *ä Herrgoddschäfl*. Oder ein *Modschegühchn*, ein kleines Kühchen, ein Kalb …?

Die kurz vor der Rente stehende Zahnärztin kommentierte meine Schmerzensmeldung zu 4 oben rechts mit *Das wärkd unnergiedsch*. Das bedeutete: Unter dem Zahnfleisch befand sich ein Entzündungsherd. Und der war »unter-kötig«. Kot bedeutete im Mittelalter nicht nur Kot,

sondern ganz allgemein Schmutz. Also eine Entzündung unter der Oberfläche.

Als ich klein war – als ich Kind war – kannte man das Wort *Jetlag* noch nicht. Aber »Zeitzonenkater« wollte auch keiner sagen. Die Erscheinung war da, aber das Wort fehlte – das hochdeutsche. Denn die Sächsin kannte das Gefühl sehr wohl, wenn es ihr *meeßeldrehnde* wurde. So wie wenn man gerade vom Kettenkarussell runter war.

Deshalb sollte es nicht überraschen, dass das Wort von »Meißeldraht« abgeleitet ist. Und das bedeutet beim Spinnen ein »ungleichmäßig gesponnener Faden, Fitz von Fäden am Spinnrocken«. *Nu das häldsde doch fier gloobsdegaum!* Tja – Spinnen am Morgen bringt Kummer und Sorgen.

Dschidschoriengrien heißt nicht nur ein Autor von Werbetexten, sondern es handelt sich bei diesem ursächsischen Wort, welches das Dialektzwitschern quasi verkörpert, wirklich um eine Farbe. Meine Großmutter bezeichnete damit alle Grüns oder Grüne (nicht Grünen!), die sie nicht näher definieren konnte und die sie nicht mochte. Wikipedia spricht von undefinierbaren Grüntönen und einem Verbreitungsgebiet von Thüringen bis in den Berliner (!) Sprachraum. In der DDR galt die Farbe für einen eher hellgrünen Trabi und die Uniform der Sowjetsoldaten. Ganz Kluge wollen wissen, dass der Anzug oder der Schlips des Leninschen Außenministers Georgi Wassiljewitsch Tschitscherin 1922 tschitscheringrün war. – Alles Unsinn! Schon 1895 verzeichnet die »Sammlung mundartlicher Ausdrücke in Thüringen« die Farbe und führt sie aufs italienische *ciceri* (Kichererbse) zurück. Aber eins ist sicher: Es klingt unaussprechlich gut sächsisch.

Hammse in dor Schule ooch gegaubld? Diese Frage zu stellen ist nur sinnvoll, wenn die angesprochene Sächsin älter als siebzig ist. Obwohl – das *Gaubln* kannten eigentlich nur die Jungs in meiner Klasse. Ich tauschte mit Vorliebe Zinnsoldaten gegen Tom-Mix-Bücher. Das Wort ist sowohl mit unserem »Kaufen« als auch mit »kuppeln« (heimlich vertauschen) verwandt und geht auf das althochdeutsche *kouffen* zurück. *Es wärd ähm schon lange gegaubld.*

Wie Sie vielleicht wissen, gilt fürs Sächsische die totale Unterdrückung der harten Konsonanten. Aber keine Regel ohne Ausnahme. So fährt der Sachse in Dresden abends sein *Audoh* in die *Karasche*. Und das, obwohl wir unsern

Kindern im frühen Alter den Unterschied zwischen Birnbaum-B und Babbelbaum-B erklären mussten.

Und zwar so lange, bis ein Kind aufschreit: *Nu heer dor ma off, mich so zu dorwiern!* Ach, *dorwiern* kennen Sie auch nicht? Das heißt »quälen« oder »ätzend nerven«.

Ich erinnere mich noch genau, als ich mit fünf Straßenfußball spielte. Wir wohnten im ersten Stock und ich bettelte von unten: *Muddieh, schmeiss mor ma ne Bemme rundr, ich hawwe Hunger*. Und meine Mutter schrie zurück: *Heere off, mich zu dorwiern, s gibd glei Middaach!* Vielleicht gab es *Abernmauge im Asch*, also Kartoffelbrei in der Schüssel. (Siehe oben!)

Übrigens soll *dorwiern* auf das lateinische *turbare* (beunruhigen) zurückgehen. Da braucht man sich nicht wundern, wenn schon ein Turban im sächsischen Abendland für Verwirrung sorgen kann. **Gunter Böhnke**

Das *A* ist das A und O der sächsischen Sprache, eine Art Zugangscode. Manchmal klingt es wie *Aoh*. Der *A*-Laut breitet sich zudem oft zum *Ä* aus. Dem Sachsen reicht sein *Ä* für eine große Palette von Bedeutungen.

ä	vielfach genutzter Urlaut der Sachsen - nein, ja, was
ä	ein, einer, der
ääääää	Signal für »nachdenken«
Aad	Elster, Vogel
aaln	ausruhen, faulenzen
Aas	zänkisches Weib; freches Kind; blöder Kerl (Schimpfwort für alles, was Sachsen nicht ausstehen können)
ahsen	verschwenden
ab	lose oder abgetrennt
abäschern, abhäschern	abhetzen
abbäbln	abstreifen, abkratzen
Abbl	Apfel
Abblboom	Apfelbaum
Abblgriebsch	Apfelstrunk
äbblgadschisch	widerspenstig
Äbblgahn	alter Schuh
Abborahd	Riesending; großer Kerl
Abbord, Abee	Abtritt, Plumpsklo
äbblich	gierig
aber, äber	schneefrei; mild, warm
Abern	Erdbirne, Kartoffel
Abernmauge	Kartoffelbrei
Abfluch	in der Wendung *ä Abfluch machn*: schnelles Weggehen

abdoffln jemanden schlecht machen
abgnabsn etwas einsparen
abgnöbbn jemandem mit List etwas abnehmen
abgodsn sich wahnsinnig ärgern
abgradsn sterben
abhaun schnell verschwinden
abmorgsn umbringen
abnehmn jemanden fotografieren
abnibbln sterben
Abreibung Rache; in der Wendung *eine Abreibung bekommen*: Schläge bekommen
absäbln etwas ungeschickt abschneiden
äbsch abseitig; verkehrt herum; böse; eigensinnig
Äbsche Eberesche, Vogelbeerbaum
abschdingn sich ärgern
abwimmln abweisen
Achel lange Granne der Gerstenähre
achde acht
acheln viel zu schnell essen
achdsn achtzehn
ädern wiederkäuen
Addsche Adieu, Tschüß
Affnschaugl Zopffrisur
äffdorsch oft
Affndheadr Aufregung, Spektakel
äffn sich komisch benehmen
Aggor Acker
aggorn ackern, schwer arbeiten
ahh Signal für »schön«
ähgs eklig
Ahmd Guten Abend
ähmde eben, doch
Ahle Werkzeug zum Stechen von Löchern
albäbern altbacken, altmodisch
allbrich albern
Allbrich alberner Mensch
Alleweh Aloe
alldoriern aufregen, ärgern
alleene allein
allemah natürlich
Almer niedriger Schrank
Amse Ameise
ämah mal
Ämmes ein großes Ding
anblägn anbrüllen
andadschn anfassen
andauernd ständig
änderisch unheimlich, seltsam
anflaum anpflaumen, beschimpfen
anfüngn anzünden
angungsn anschlagen
anhosn anziehen
anhübschn sich fein machen
Anmache offensives Ansprechen
anmachn jemanden umschwärmen; anzünden; einschalten; etwas anrühren
anranzn jemanden heftig beschimpfen
anrämbln jemanden absichtlich anstoßen
ansaggn fest anpacken, greifen
anscheusln verkleiden, unvorteilhaft anziehen
anschmiern jemanden betrügen
änne eine, die
Anziehsachn Kleidungsstücke
allehaufe alle zusammen
alleweile seit längerer Zeit
Arbeed Arbeit
arbeedn arbeiten
äscha nein, auf keinen Fall
asdn etwas Schweres schleppen
Asch Schüssel
Aschguchn in einer hohen Form gebackener Rührkuchen
äsdemiern schätzen, achten
Aule hochgezogener Rotz
ausbaddln ausbeulen
ausbaldowern auskundschaften
ausbüggsn wegrennen, fliehen
ausgenuddld ausgeleiert
aushäggn Unfug planen
ausgäsn nicht trödeln, schneller machen
ausglamüsern etwas Rätselhaftes herausbekommen
ausgniedschn ausdrücken
ausguddln austrinken
ausmährn sich beeilen
ausnuddln ausleiern
auswärdsch auswärtig, fremd
Auswärschde Fremde
audern laut machen
äwo ach wo, sicher nicht
aworr aber

Babbsch, barbsch, buhbsch

Weicher geht es immer

Was ich iewerhaubd nich leiden gann, is, wenn ä Mann – der gann ooch änne Frau sinn – mir so babbsch de Hand driggd. Da schiddlds mich.

Das habe ich in meinem Leben schon oft gehört. In Sachsen. Von Sächsinnen. Von Sachsen. Ja, auf Sächsisch. Mit vielen Bs, Ds und Gs. Und von vielen Unsachsen habe ich gehört, dass ihnen das Sächsische auf die Ketten geht, weil es so pappig-unverbindlich klingt. Immer gedanklich mit einem Sowohl-als-auch verbunden. Das mag wohl sein. Der Sachse neigt zum Kompromiss. Er musste sich in seiner Geschichte zu oft rückversichern. So bemerkte er am dritten Tag der Völkerschlacht zu Leipzig im Jahre 1813, dass die sächsischen Kürassiere auf der falschen Seite kämpften. Als sie dann gegen die Franzosen Front machten, waren die schon geflohen. Obwohl sich die Sachsen sofort rückversicherten, auf der richtigen Seite zu stehen, wurden sie im Wiener Kongress so schlimm bestraft wie die Soldaten Napoleons. Ja, schlimmer noch: Seitdem kennt die französische Sprache das Wort *saxonner* – »seinen Kampfgefährten im Stich lassen«.

Jürgen Hart, Leipziger Kabarettist und Schöpfer des Liedes *Sing, mei Sachse, sing!*, hat den Sachsen treffend charakterisiert: »ein Mensch von vorsichtigem Draufgängertum, emsiger Bequemlichkeit, engstirniger Weitsicht, gemütlicher Unleidlichkeit und erfindungsreicher Anpassungsfähigkeit.«

Und mit einer Sprache, deren Intonation, Musikalität und Dehnbarkeit unerreicht ist, möchte man ergänzen. Wer *babbsch* redet, der geht natürlich im Sommer *barbsch*, also barfuß, und fühlt sich niemals *buhbsch*, keineswegs schlapp. Denn *ä schlabber Wicht werkd weech, ooch wenn'r hochdeitsch spricht*. So schrieb es Lene Voigt, die bekannteste sächsische Mundartdichterin aus Leipzig.

Die Konsistenz der Sprache ist nicht unbedingt charakterbildend. Wie sonst hätte der Sachse Martin Luther seine epochale Bibelübersetzung zustande gebracht. Oder

Friedrich Nietzsche vom Philologen zum Philosophen werden können. Dennoch wird dem Sachsen eine gewisse Unentschlossenheit nachgesagt. Daran muss man durchaus zweifeln, wenn man konstatiert, dass auch der Kosmonaut Sigmund Jähn – der erste Deutsche im All – und der 1848er Revolutionär Richard Wagner Sachsen waren. Ganz zu schweigen von dem Chemnitzer Ausnahmefußballer Michael Ballack. Wobei diese Namen die Genialität des Sachsen auf allen Gebieten des Lebens belegen. Nicht umsonst ist die Geniedichte in Sachsen die höchste in der Europäischen Union.

Beweis: Morgen galt gestern in Sachsen noch als übermorgen!

Das finden Sie schräg? – Na, da sollten Sie mal überlegen, wieso Heinrich Zille und Terence Hill auch zu den Sachsen gezählt werden ...

Entscheidend ist natürlich, welche Kriterien dafür gelten. Geburtsort, Sterbeort oder der Ort, an dem die bahnbrechenden Leistungen vollbracht wurden? Und ist Sachsen das Land, wo *dor Gurfärschd, dor Geenich* oder *dor Minisdorbräsidänd* regiert? Wenn wir Sachsen auch historisch gesehen *immer ä bissel Bäch* hatten – wir kämpften meist auf der falschen Seite –, mit August dem Starken, Friedrich August III und mit König Kurt I Biedenkopf waren wir ziemlich gut bedient. Den letzten – er war wirklich nicht der Letzte – bekamen wir letztlich durch eigene Bemühungen. Einen König schenkte uns Napoleon und den Kurfürsten verdanken wir Karl IV.

Von dem wissen wir nicht mehr viel, aber eines ist sicher: *Gaiser Garl gonnde geene Gimmelgerner gaun, aber Gäsegeilchn gonndr gadschn!* **Gunter Böhnke**

Das *B* *babld* (spricht) man *babbsch* wie eine überreife Birne am B*ä*rnboom. Es ersetzt das P, den Buchstaben mit der stärksten Konsonantenschwäche. B*ä*rnboom schreibd mor midn B*ä*rnboom-Beh und Babblboom schreibd mor midn Babblboom-Beh.

Baba Vater
Babbe Mund; Pappe, Karton
Babblboom Pappel
bäbbln Fußball spielen
babbsch weich
babbrn unzufrieden essen, im Essen rumrühren
Bäbbsche nasser Sand
bäbbschn, bäbborn mit nassem Sand spielen
Bäbe Rührkuchen; Brei
Bäbchen und Häbchen Hab und Gut
bäbern einfältig
babln viel und belanglos reden, gemütlich plaudern
Bablchn Gerede
bäbln zusammenknüpfen, basteln
bäbbln Fußball spielen
Bäbmnäbbl Napf für Rührkuchen; Sandspielform
Bäbornmumbe Teig
Babuhschn Hausschuhe, Pantoffeln
bächdn Stroh, Gras, Heu aus Unachtsamkeit verlieren
Bachdr dicker, strammer Junge
badalchn hart arbeiten; schwer schleppen
baddln in der Erde scharren
Baddsch Ohrfeige, Schlag
Baddschhand Kinderhand
baddschn schmatzen, geräuschvoll essen
Badsn Klumpen
Bafl Trödel
baff verblüfft, erstaunt
baffn (nicht auf Lunge) rauchen
Bäffschdägg Bulette, Frikadelle
Bagasche Sippschaft, Gesindel, Pack
Bägge Bäcker
Baggfisch pubertierendes Mädel
Baggfeife Backpfeife, Ohrfeige
Baggs rohe Kartoffeln
bähen durch Wärme Schmerz lindern, Entzündungen heilen
Bähnerd Henkelkorb, Weidenkorb
ballwiern rasieren; jemanden übers Ohr hauen
balafrn dummes Zeug reden
Bällo böser Husten
bälldssch pelzig
Balawer Geschwätz; Aufregung
balgn kampeln; schwer arbeiten
Balsch Körper; Kind
bäldsrn brünstig sein
Bambe Brei
Bambl leicht beschränkter Mensch; Hilfsarbeiter
Bämblsagg ängstlicher Mensch
Bambuhle Durcheinander
Bamml Angst
bammln baumeln, hängen, schaukeln
Bamselchen kleine Füße
Bandschen Hausschuhe
bange beklommen sein; schwül; Heimweh haben
bannig sehr
Banse Speicherraum für Heu
barbiern rasieren
barbsch barfuß
Bärlaadschn Pantoffeln
barm jammern, klagen
Bärne Birne, Pirna
bärnsch pirnaisch
bärschlich widerborstig, schnell auffahrend
Bärdsl Haarknoten
barrduh durchaus
Bassdor Pfarrer, Pastor
Bassdor? Passt er?
Badschhändl kleine Hand
Bauchgnäbbl Bauchnabel
Bauchgladschor Bauchlandung im Wasser

bauchmiedsln schmeicheln
beäsdln nichts geht mehr
Bäbborrn-mummbr Schlamm, feuchte Erde, Sandgemisch
bedäbbord betroffen, überrascht
bedribbsd kleinlaut
beduddln sich um jemanden besonders kümmern
Beebemme Röstschnitte
Beene Beine
beese böse
befummln anfassen; genau untersuchen
beglobbd verrückt
behagln streiten
behumsn betrügen
begnaggd verrückt
beladschorn überreden
belämmord betreten, betrübt
bemährn jemanden übertrieben umsorgen; umständlich bearbeiten
bemadschd vollgekleckert
Bems ungezogenes Kind
Bemme Brotschnitte, belegt mit Wurst oder Käse
Bemmbüchse Brotbüchse
Benunsn Geld, Finanzen
beömmeln sich über etwas amüsieren
berabbn sich aufmachen; bezahlen
Berschde Bürste
beschnarschn betrachten, ansehen; reisen
Beude Backtrog; Behausung für ein Bienenvolk
Beule durch Schlag entstandene schmerzhafte Anschwellung am Körper
bewuschberd beweglich, rege, aufgeweckt
bibbern zittern, frieren
Bibbi kleines Mädchen; Baskenmütze
Bibbus Nippel; kleines Teil
bichln trinken
Bidderliche Petersilie
biddln einkaufen; bummeln
bidschnass klatschnass
Biebe Zigarette
biebe, schnurdsbiebe ganz egal, gleichgültig
biebln etwas mühsam bearbeiten
Biebmads Vogel
Biebn Geld; Flecke
biebn in der Wendung *zum Biebn*: kaputtlachen, sehr komisch sein
biedschn trinken
biegfein besonders schick
Biele Küken
Biemagei Böhmen
Biesch kleiner Besen
biedsn saugen, an der Mutterbrust trinken
Bimberling kleine Münze
Bimmel Straßenbahn
bimmeln läuten
bimmborn vögeln
Bims Geld; Brot
bimsn lernen, pauken
Binsl Einfallspinsel, dummer Mann
Binge Geld
bischbrn flüstern
bischln im Arm wiegen
bissl ein wenig
bisslweise kleine Mengen
bis dänne bis dann, bis später
bidsln schneiden
Blaadsch unbeholfener Mensch, Tollpatsch
Bläbersch Dümmling
Bläbbs Pöbel, einfältiger Mensch
Blädbrädd Bügelbrett
Bladde Neubau, Hochhaus (WBS 70), Glatze
Blädde Bügeleisen
Bladdenschiebl Plattenspieler
Bläge kleines Dorf
Blägsagg schreiendes Kleinkind; Schreihals
blägn schreien
Blämbe nicht schmeckende Flüssigkeit; mieser Kaffee
bläreedsch, blärräugig verwirrt, benommen
Blärre Kaffee schlechtester Qualität
Blase blöder Typ
Blaudse dicker Bauch, Brustkasten

Bleechblan	Wiesenfläche zum Bleichen der Wäsche
bleede	dumm, blöde
Bliede	Pickel
bliehmerand	sich komisch fühlen, unwohl sein, schwindelig
Bliemchngaffee	Blümchenkaffee, dünner Kaffee
Blinse	Eierkuchen; einfältiger Mensch
Bloodsch	ungeschickter Mensch
bloossch	dürftig gekleidet
Blubbor	Blubberblase im Wasser
blubbrn	maulen; Blasen aufsteigen lassen
bluddsch	blutig
blumbm	pumpen; es regnet stark
Blumbe	Lunge
blusch	leicht bekleidet
Bobsr	Gesäß, Po
Boggschderdse	Purzelbaum
Boddn	alte Schuhe
Bodsch	große Holzschüssel
bomfordsionös	klasse, gut, super, großartig
Bölnmischen	kleines Pferd
Bojass	Lümmel, Frechdachs
Bongsl	Bonbon
boofn	in einer Felshöhle übernachten; schlafen
Bomädschr	Schiffszieher, Treidler
Born	Brunnen
Borschdwisch	Handfeger; harmloses Schimpfwort
bordsln	hinfallen
braaschen	lange und viel reden, prahlen
brabbln	vor sich hinreden
brächld	brennen
Bradndiede	Ofenrohr
Brands	angebrannte Rückstände in Töpfen
branndsn	angeben
Brasch	Geschwätz
Braunheedl	Marone, Pilz
Braus, Brausch	Schaum, z. B. auf dem Bier
Brüsche	Beule
brädsln	sich in die pralle Sonne legen und sonnen
Brechelarbern	Bratkartoffeln
brecheln	braten
Breedschn	Brötchen; Predigt
breedschn	predigen
Bredullsche	Bedrängnis, Verlegenheit, unangenehme Situation
breed	breit
Bremse	Bremsvorrichtung; Stechfliege
bremmersch	aufsässig
Briedsl	Lausejunge, Tunichtgut
Briehe	Soße
briesiedend heeß	sehr heiß
Bringl	Krümel, Laus
Bridschel	dünne Scheibe, z. B. von der Wurst
Brodel	kleines Brötchen
brodeln	aufwallen
Brodbeudl	Essensbeutel
Brodrenfdl	Brotkante
Brudel	Qualm
Brumme	großes Ding; großer Kerl
Brusch	Bindfaden
bubbern	ein Geräusch bezeichnend, z. B. ein Herz bubberd
Bubbordsche	kleine Wohnung
buhbsch	sich komisch fühlend, schlapp
Buchde	kleines Haus, kleines Zimmer
Buddl	kleiner Käfer; Glied
buddln	im Garten graben
Buddls	Kleinkinder, Babys
buddssch	süß, etwas verrückt
buddssche Lusd	Liebesspiele, verrückter Sex
buggln	schwer arbeiten
Buggsn	Schlüpfer
Buhde	Zimmer
Buje	Wiege
Bulle	männliches Rind; Polizist
Bullerei	Polizei
bullern	pinkeln
Bullfor	Geld
bulgsn	schuften
Bullnhidse	heißes Wetter
Bumblhugge	langsamer Mensch
bumbn	sich etwas borgen
Bums	dumpfes Geräusch, Tanz
Bumsche	Tasche
Burn	kleiner Teich
Busierschdängl	Frauenheld

Chaiselongue mit Courage

Importwörter aus Frankreich

Wir wohnten ab 1948 im Norden Dresdens, am Fuße der Dresdner Heide, genau zwischen Trachau und Trachenberge. Wenn meine Großmutter mit mir in die Stadt wollte, mahnte sie stets: *Basse off: Du bleibsd offn Driddewahr!* Ich antwortete: *Nu, nu!* Dabei hatte ich keine Ahnung, was Großmutter Hedwig meinte. Als sechsjährigem Knirps wollte mir der Unterschied zwischen dem ersten, zweiten und dritten Wahr nicht einleuchten. Erst viele Jahre später – als ich nach 1990 in Paris war –, hörte ich eine Großmutter ihren Enkelsohn ermahnen: *Reste chez moi! Reste sur le trottoir!* Da dachte ich: Moment, das kennst du doch!

Sur le trottoir. – Auf dem Driddewahr! Natürlich: Auf dem Fußweg.

Erst im Sächsischen gewinnen die französischen Wörter ihren wahren Wohlklang!

In meiner Kindheit gehörte eine Anzahl französischer Wörter zu meinem Wortschatz. Die meisten hatte ich von meiner Großmutter gehört: *De Millern is doch ä meeschandes Weib. Mir is heide richdsch bliemerand zumuhde. Ich fiel mich miede, madd, malade – ä eenssches Mallär. S wärd Zeit, dass mir dorheeme ma dischdsch Rangdewuh machn. De Diere is dodahl laweede. Gäsdern warmer in dor Schdadd. Da war vorleich ä Dehmelee. Ich bin weggerudschd un offn Dähds gegnalld.* Kleine Übersetzungshilfe:

»Die Müllern ist eine bösartige Frau. Ich fühle mich heute richtig unwohl, müde, matt und krank – ein einziges Unglück. Es wird Zeit, dass wir zu Hause mal tüchtig Ordnung machen. Die Tür ist ganz ausgeleiert. Gestern waren wir in der Stadt. Da war ein Durcheinander. Ich bin ausgerutscht und auf den Kopf gefallen.«

Die Sächsin und der Sachse haben schon seit Napoleons Zeiten, aber spätestens seit dem Deutsch-Französischen Krieg von 1870/71, als 1.500 französische Kriegsgefangene auf dem Pfaffendorfer Feld in Leipzig kampierten, französische Wörter in ihrem Wortschatz. Nicht immer sind sie sich dessen bewusst.

So wusste meine Großmutter gewiss nicht, dass sie französelte, wenn sie zum Großvater sagte: *Es wird glei rächnen, vergiß das Bärblie nich!* Das *Bärblie* war nämlich der Regenschirm, *un parapluie*.

Und wie ist es mit den *Fissemadendsschn*, die man nicht machen soll? In Leipzig gibt es dafür eine ganz plausible Erklärung. 1871 durften die gefangenen französischen Soldaten am Tage in die Stadt, wo sie ganz reizende Leipzigerinnen trafen. Und oft endete ein deutsch-französisches Gespräch mit der Aufforderung: *O Mademoiselle, visitez ma tente à la nuit.*

Natürlich fand solcherlei Begehren bei den Müttern der Leipziger Mädchen keinerlei Verständnis. Sie wollten keineswegs, dass die Töchter nächtens das Zelt des Franzosen besuchten. Kategorisch daher ihre Aufforderung: *Mache geene Visite am Dente! Geene Fissemadendsschn!*

Im Sächsischen Volkswörterbuch von Gunter Bergmann findet man erstaunlicherweise eine andere Erklärung. Da soll es sich bei *Fissimatenten* um ordnungsgemäß geprüfte

Patente handeln, um *visae patentes*. Die sind natürlich nicht sächsisch, sondern mittellateinisch.

Und der Mannheimer Duden von 1963 vermeldet: »leere Flausen, Ausflüchte, Faxen. Die Herkunft des seit dem 16. Jahrhundert ... bezeugten Ausdrucks ist dunkel.« – *Saach ich doch: Dungkl is dor Rede Sinn!*

Allerdings habe ich noch keinen Erklärungsversuch dafür gehört, dass es auch außerhalb Sachsens das Wort *Fissemadendsschn* geben soll ...

Noch ein kleiner Hinweis: *Wer an der Dähde is, der muss ooch sein Dähds anschdreng, wenn erschdmal die ›Hudwolleh‹ in Rahsche gommd, da haddr de längsde Zeid das Bree gehabd. Da musser fischeland bleim.* (»Wer oben dran ist, der muss auch seinen Kopf anstrengen. Denn wenn erst einmal die sozial Schwachen in Wut geraten, dann hat er nicht mehr die Führung. Da muss er wachsam bleiben.«) Mit fünf französischen Lehnwörtern.

Aber nicht immer nutzt die Sächsin oder der Sachse die französischen Wörter korrekt. So gab mir meine Großmutter ab und an *ne Reformande*. Also eine Rüge. Das französische Wort dafür heißt *reprimande*. Oder sie meinte: *Vor dein Lehrer habsch allen* Rekord. Eigentlich meinte sie *regard* oder *respect*. Und: *Bein Blinsen machen habsch* Rundine! Ich vermutete Routine. Aber gesagt hab ich nichts.

Das beweist doch nur, wie schöpferisch die sächsischen Menschen nicht nur mit der eigenen Muttersprache umgehen, sondern auch mit Fremdsprachen.

Und in den Fremdsprachen kommt dem Sächsischen durchweg eine ganz besondere Funktion zu. So wird im Finnischen *Saksa* zum Deutschen und im Französischen heißt das Meißner Porzellan *le saxe*. Im Süden Englands sind alle vor 1066 entstandenen Kirchen *Saxon churches* und im Italienischen steht der *Sachse* im Wörterbuch zwischen *Saxophon* und *Stein*. Aber am meisten gilt der Sachse in Ungarn. Da heißt er *szász ember*, Hundertsassa. Und der kommt gleich nach dem Tausendsassa.

Mehr sag ich nicht. **Gunter Böhnke**

Das **C** charakterisiert jenen Buchstaben, den der Sachse vor allem in Verbindungen mit *ch* oder *sch* nutzt.

Das *C* als ersten Buchstaben gibt es fast nur bei Wörtern aus dem Französischen – der Rest findet sich beim *G*, beim *S* und beim *Z*.

chaisen	hasten, rennen – siehe auch *schechn*
Chaiselonge	siehe *Schässlong*
Chemisedd	aufknöpfbares Vorhemd
Chrisdboom	Weihnachtsbaum; Schachtelhalm
Chrisdboom-zeuch	Weihnachtsschmuck
Chrisdmedde	evangelischer Weihnachtsgottesdienst
Chur	üble Gesellschaft, Gesindel; erhöhter Kirchenraum im Hauptaltar
Congdenanse	Fassung, Haltung
Cubee	Kutschwagen; Eisenbahnabteil

Dussl und Drahndude

Charmante Schimpfwörter

Charmante Schimpfwörter – was für ein Unsinn! Charmant kann eine Person sein oder ein Einfall. Ein Schimpfwort ist weder bezaubernd noch entzückend. Was ein Charmeur ist, das weiß jede Frau. Schon seit dem 17. Jahrhundert. Da brachten Hugenotten das Wort zu uns. Und sie machten uns mit der französischen Lebensart vertraut. Sie zeigten den Preußen und Sachsen, was Charme ist. Das kann man heute noch bei einer Berliner Currywurst-Verkäuferin beobachten. Auch der Leipziger Erfinder des Reclam-Bändchens hatte diesen Charme. Nach ihm wurde in Leipzig nicht nur diese Frühform des Taschenbuchs benannt. Es gibt hier auch eine Straße und ein Gymnasium, die den Namen Anton Philipp Reclams tragen. Unbegreiflich charmant ...

Wenn es charmante Schimpfwörter gäbe, da müssten ja auch ein bezaubernder *Hornoggse* oder eine entzückende *Zimmddsigge* existieren. Natürlich erinnere ich mich an ein damals in der Schule verbotenes Micky-Maus-Heft mit Daniel Düsentrieb, dem Erfinder des *Dunkellichts*. Da ist mir nichts Besonderes aufgefallen. Auch weil die Panzerknacker, die hinter Dagoberts Vermögen her waren, mit Masken und in Sträflingskleidung im Alltag unterwegs waren. (Ihr Wortschatz erschöpfte sich in »Würg, Schluck, Polente!«) Und bei Karl May wurden die Angehörigen der *First Nations* mit *Feuerwasser* gefügig gemacht. Selbst Hölderlin kannte den *Wonneschmerz*. Und uns allen sind der *Handschuh*, das *Hörbuch* und die *Frauenmannschafd* vertraut. Da stören die Gegensätze nicht. Also: *Eile mit Weile.*

Ist das charmante Schimpfwort vielleicht doch einer Überlegung wert?

Wer sich an Gert Fröbes »Goldfinger« und seinen Ausruf *Du Orsch!* (in feinstem Zwickauer Sächsisch) erinnert, der oder die wird bestätigen, dass ein Schimpfwort seine Hässlichkeit verlieren kann. Und seine Aggressivität! »Der Sachse denkt wie die Katze um den heißen Brei.« (Hans Reimann*)

Auffällig ist allerdings die Verteilung der sogenannten Schimpfwörter auf die traditionellen Geschlechter. (Da muss man natürlich beim Gendern höllisch aufpassen. Allerdings verstehen die Sächsin und der Sachse die ganze Aufregung um dieses Wort nicht. *Mir meen midd däm Word, dass ä Boud umgibbd.*) Aber zurück zur Wirklichkeit. Nehmen wir mal den Buchstaben D.

Das fängt an mit dem *Dahchedieb, der ooch* noch *ä Dallbrich* sein kann, wenn nicht sogar *ä Dämlagg*. *Ä Deesgobb* oder *Dollbadsch* ist er sicher, *ne Dibblschiggse* ist seine Freundin. Und die Freunde sind *ä Dieffliescher, ä Diggnischl, awwor geene Dobbsau. Vorleich ä Dorwiersagg, ne Druhmlumbe* oder *ä Drammbl*. Und ganz sicher *anne Drähne* und *ä Dreggsagg* mit seiner *Dreggschleidr*.

Nun schauen wir uns doch mal die Geschlechtszugehörigkeit der »bösen Wörter« an. Von den 15 Bezeichnungen sind zehn einem männlichen Wesen zuzuordnen, nur zwei dem weiblichen. Drei Wörter sind bisexuell, das heißt, mit

* Hans Reimann (1889–1969). Neben Lene Voigt bedeutendster sächsischer Mundartschriftsteller der 1920er-Jahre, der die Sachsen – im Gegensatz zu L. Voigt – nicht liebte. Mitautor der Feuerzangenbowle.

ihnen können sowohl eine Frau als auch ein Mann charakterisiert werden.

Um den Unsachsen das Rätseln abzunehmen, hier eine Übersetzungshilfe:

Der Faulpelz, der auch ein Ungeschickter sein kann, wenn nicht sogar ein dummer Kerl. Ein unachtsamer Zeitgenosse oder ein plumper Mensch ist er sicher, eine Landstreicherin ist seine Freundin. Und die Freunde sind nicht gerade aufgeweckt, ein Dickkopf, aber kein Schweinigel. Vielleicht ein Nörgler, eine verschlafene Person oder eine unbeholfene. Und ganz sicher ein Lahmarsch und ein schmutziger Mensch mit seiner schmutzigen Freundin, die über andere herzieht.

Also sind die Schimpfwörter eher schmutzig als charmant?

Wirklich charmant sind natürlich die Kosenamen, die ja sicher auch häufiger gebraucht werden als Schimpfwörter. Wenn man vom Internet absieht ...

Dasselbe präsentiert Kosenamen und Spitznamen, die offenbaren, dass Männer ihre Frauen öfter *Liebling* nennen als Frauen ihre Männer. Diese rufen die Partnerin *Hase*, *Maus*, *Mausezahn* und *Kleine*. Während jene ihre *Göttergatten Schatz*, *Liebling* und *Bär* titulieren.

Spitznamen kommen im Prinzip nur als Zweisilber vor: *Mimi*, *Nana*, *Lia* (weiblich) oder *Ari*, *Jojo*, *Leo* (männlich). Prominente Ausnahme: Bei den Männern ist die Nummer 1 *Maschine*. Und das, obwohl man sich den Spitznamen normalerweise nicht aussuchen kann ...

Ich habe in meinem ganzen Leben nie einen Spitznamen bekommen. Mit einer Ausnahme: In den zehn Jahren meiner Fußballerlaufbahn hieß ich *Hamlet*. Und das nicht, weil ich zu lange grübelte, bevor ich den Ball flankte. Ich war Kinderdarsteller im Theater. In einem Shakespeare-Stück hab ich nie gespielt. Ich erhielt dort sogar Sprecherziehung wegen meines sächsischen Akzents. Die Aussprache von Schimpfwörtern wurde nicht geübt.

Wenn das Schimpfwort einen Gegenstand bezeichnet, wird dieser im übertragenen Sinne auf die Zielperson angewandt.

Ein Beispiel: Der kleine Kevin badet. Er ruft nach der Mutter: *Muddi, wo isn dor Waschlabbn?* Die Mutter: *Zigaräddn hooln!* **Gunter Böhnke**

Das *D* dringt *weech* wie *nä Drahndude* ins *Gehärne*. *D* ersetzt in vielen Fällen *T*, *DD* das *TT*, *DS* das *TZ* und *Z*. Bei den Artikeln folgt dem *D* im männlichen Fall ein *ä*, als *dä*, wenn es betont sein soll, unbetont heißt es *dor*. Im weiblichen Fall ist der Artikel betont *die* und unbetont *dä*. Der Artikel *der* wird zu *dor*.

da Hinweis auf einen Ort; zur Verstärkung eines Sachverhalts
dä die, sie
Daach Tag
dabbsch tapsig, ungeschickt
Däbb Dummkopf
Däbbsch Teppich
Dachhase Katze
Dachdl Ohrfeige
dachdln jemanden schlagen
Dähde Trompete, in der Wendung *an dor Dähde sein*: an der Spitze sein
dähdn etwas tun, tuten
daderum darum, deshalb, deswegen
Daddrich krankhaftes Zittern
Dadschn Kinderhände
dadsuma damals
Dähds Kopf
daherum herum
dahln sich räkeln; herumspielen
dählsch einfältig, dumm, benommen, schwindelig
dalbern greifen
Dalgn einfältiger Junge
dalgern ungeschickt sein
Dallewalle Tollpatsch, einfältiger Mensch
dalli, dalli schnell, schnell
dambern (sich) ohne Ziel und Zweck beschäftigen; spielen; sich mit jemandem näher einlassen
Däml einfältiger, ungeschickter Mensch
Dämlagg blöder Mensch
Damm in der Wendung *offn Damm sein*: gesund, munter
dämmern unruhig stehen, mit den Füßen hin und her treten
dämmern in der Wendung *es dämmert einem*: der Groschen fällt
dammich in der Wendung *Godd vordammich*: Fluch
Dämmse Gewitterschwüle
dämssch schwül

Damsl leichte Ohrfeige
dängln Sensenblatt mit dem Hammer dünn klopfen
Dansdr klebriger Fleck
dänne denn
dardazu dazu
Därme Gedärme; Türme
därmern sich strecken, dehnen
därre dünn, trocken
Därre sehr dünne Frau; Kälte; Trockenheit; schwere Zeiten
Därrländr dünner Mann
därrwensdsch schmal
Däschdlmäschdl Liebschaft, Liason
Daus Ass
Deebs Lärm, Kindergeschrei, Spaß
deebsn lärmen, toben
deehsn ausruhen, abschalten
deffdsch in der Wendung *das schmeggd abr deffdsch:* das schmeckt aber kräftig, sehr nahrhaft
Deggl Deckel
Dehmelee Lärm, Streit
Deibl Teufel
Deich-Esel Bäcker
deichsln etwas geschickt hinbekommen
Deichselhirsch Pferd
delbsch ungeschickt
Delle Vertiefung
demmeln Rad fahren
demmern Heu mit den Füßen platt treten
demuliern kaputtmachen
Dengl die durch Bearbeiten erzielte Schärfe einer Sense
Denne Scheunenboden
desderwächn deshalb, deswegen, darum
Dese Behälter, in dem der Brotteig angerichtet wurde
Deesbaddel verwirrter Mensch
Dibbl kleiner Topf
dibbln langsam laufen
Dibbs Dippoldiswalde (Stadt)
didschn eintunken, tauchen, in der Wendung *du bisd gedisdschd*: deprimiert
Didsche Soße
Diddehorn Dummschwätzer
diessch diesig, trübe, neblig
Diechl Bratpfanne
Diere Türe
Diescher Tiger; Tücher
diggschn eingeschnappt sein
Dingrich Kerl, Mann mit zweifelhaftem Ruf
Dingsborlings ein Gegenstand, der einem gerade nicht einfällt
Dinneff dummes Zeug
Dnaller Knaller; kleiner frecher Junge
dobersch schwül, gewittrig
Dobb Topf
dodsch verrückt; ungehemmt
Doffl ungehobelter Kerl
dogdern in der Wendung *an etwas rumdogdern*: lange an einem Leiden laborieren
Dogdor Arzt
Donnerliddchn Ausruf der Anerkennung
Doofmichl ungeschickte Person
Döhsbaddl Hektiker
döhsen ausruhen, vor sich hinträumen; sich unruhig verhalten
döhssch unaufmerksam, nervös
dor der
dorchworschdln irgendwie durchkommen
dorde dort
Dorde Torte
dorgln betrunken taumeln
dorgwere in der Wendung *es läuft was dorgwere*: es geht etwas schief
dorrheeme zu Hause
Dorsche Kohlrübe
Dorschenschädl platter Hinterkopf
Doworsch hektischer Mensch
dorwiern kindlich bitten, quengeln, drängeln
Dräbbln Tropfen
dräbbln tropfen
draaschn sich beeilen, abhetzen
Draasch Stress, Eile
Draadsche geschwätzige Frau
draadschn ratschen, lästern
Drähe Kurve
Drahndude vergesslicher, langsamer Mensch
Drammbl unhöflicher Mensch

Dräsdn	Dresden
Draude	Zutrauen
dräuisch	stur, eigensinnig
Draugel	Kurbel
dreeschn	heftig regnen
dreggsch	dreckig
Dreggschleidr	Auto mit viel Abgasen; loses Mundwerk
Drehmel	ungewöhnlich großer, kräftiger Kerl
drehnde	schwindlig
dreschn	jemanden verhauen; Korn dreschen
dreie	drei
Dreie	Treue
Drembl	senkrechte Ummauerung eines Raumes unter einem spitzen Dach
dreusche	trocken
Driddewahr	Trottoir, Fußweg
driem	drüben, auf der anderen Seite, hinter der Mauer
droffhorchn	zuhören
druggsn	herumdrucksen, nicht mit der Sprache herauswollen, zögern
drumrum	drumherum
dschiddschoriengrien	dumpfes Grün, Tundragrün
Dschunge	Junge
duddsch	verrückt nach
duhdln	Töne endlos wiederholen
duhn	tun
duhse	süß, vorsichtig, sanft, unbeholfen
dunsdsch	dunstig, neblig
Dunsl	einfältige Person
Dunsldier	dummer Mensch
Dunsdgullr	Kopf
durchfadsn	durchbrennen
Durchmarsch	Durchfall
Durschd	Durst
duhsdr	halbdunkel
Duhsel	alter Schal, altes Halstuch
duhsemang	leise, sanft, langsam
duhsln	schläfrig sein, vor sich hinträumen
Dussl, Dussldier	ungeschickte Person

Ega ist nicht egal

Ein Wort für vieles

Dass wir im Sächsischen so wenig Konsonanten brauchen und die Artikel nur minimalen Raum einnehmen, spricht zweifellos für uns.

Deshalb ist es wenig überraschend, wenn wir feststellen, wie oft wir in unserem Wortschatz mit einem Wort ein beträchtliches Bedeutungsfeld erfassen.

Unser Paradewort heißt *Leem*. Damit meinen wir den Lehm wie auch das Leben und den Leim. Ganz nebenbei bezeichnen wir damit die Löwen.

Es gibt sogar fünf Bedeutungen, die wir mit einem sächsischen Wort erreichen. Wir schlagen sozusagen fünf Fliegen mit einer Klappe.

Wenn wir *leiern*, so drehen wir entweder eine Kurbel oder wir luchsen jemandem Geld ab – *wir leiern es ihm aus dem Greidse*. Vielleicht hat es mich auch *hingeleierd*, ich bin gestürzt oder krank. Dann kann ich ständig *leiern*, also jammern und meine Beschwerden *runderleiern*.

Damit würde ich mich natürlich als *labbsch* entlarven, als Weichling. Auch wenn mir heute nicht wohl ist, *mir is ärchendwie labbsch*. Vielleicht sollte ich eine Suppe essen, wenn sie nicht zu *labbsch* ist, zu geschmacklos. Die *labbschn bar* Euro hab ich noch. Ich bin ja nicht knauserig, *nich labbsch*.

Ich friere auch nicht gleich. Da tät ich *schlabbern*. Aber ich *schlabbere* ja nicht, ich schweige. Im Prinzip *schlabbern* nur Hunde, wenn sie trinken. Na gut, die Milch *schlabberd* auch. Dann ist sie sauer. Also sie *meggld* oder *haggrd*.

Wenn man sie trinkt, kriegt man eine *Gage*. An der Lippe. An der Oberlippe. Oder an der Unterlippe. Ein Pickel kann größer sein. So groß wie eine *Gage*. Aber die fliegt weg, die Krähe. Hauptsache, du machst keine *Gage*, also keinen Unfug. Die würde nämlich den *Gagen* gefallen, den neugierigen Frauen.

Selbst wenn diese etwas dümmlich wären - also wie ein *Heedel*. Natürlich nicht so dumm wie ein *Heedel*, also ein Teil der Zeilensemmel. Oder wie der Hut des Fliegenpilzes – auch ein *Heedel*. Also eben ganz anders als ein Salat*heedel*! Und alle *Heedel* gehen auf das alte Wort *höubet* zurück, was eigentlich *Haupt* bedeutet.

Und was ein *Haggsch* ist, weiß heute in Sachsen kaum noch jemand. Aber wir: Bei diesem Wort handelt es sich um einen Zotenreißer, der die schrägsten Witze über unbeschnittene männliche Schweine – auch Eber oder *Haggsche* genannt – und über geile Kaninchenböcke, die *Haggsche*, erzählen konnte. Warum? – Weil er den *Haggsch* hatte, das heißt, er hatte beim Getreidedreschen den letzten Schlag mit dem Dreschflegel getan. Und deshalb musste er den anderen etwas spendieren. Einen Schnaps – oder einen Witz!

Eines meiner sächsischen Lieblingswörter ist *mährn*. Das klingt schon nach Ausruhen. Das langgezogene Ä weist auf eine langsame Bewegung hin. Im Substantiv *Gemähre* wird dieser Aspekt noch verstärkt. Ganz klar: Hier wird getrödelt. Und das wird auch nicht besser, wenn man (oder Mensch) an etwas *herummährd*. Das Wort gab es schon im Mittelhochdeutschen bei Walther von der Vogelweide, dem alten Barden: *Uns ist in alten maeren wunders vil geseit*. (Vorsicht! Scherz!)

Und nun wollen Sie noch wissen, warum »egal nicht egal ist«. Weil egal *(eegal)* in drei Bedeutungen daherkommt. Entweder *eener hadd zwee egale Quadradlaadschn*. Seine beiden Schuhe sind gleich. (Das soll bei einem Paar Schuhe schon mal vorkommen.) Aber das war dem schon immer egal. Der ist eben gleichgültig. Und zwar *ega*. Das heißt, es war ihm *ega* (erste Silbe betont!) *egal* (zweite Silbe betont!). *Mir Säggsinnen saachn daderzu ega* selbdritt! **Gunter Böhnke**

Das *E* elektrisiert, geht runter wie Eel und ist dem *Ä* sehr nahe. Bei Endungen wird das e verschluckt und nicht gesprochen, also bei der Sprechschreibe auch nicht. Folglich gibt also im Sächsischen auch keine Endungen, sondern nur *Endungn*.

Eebagg	Einback
echschoffiern	sich ereifern, aufregen
eedebedeede	eitel, geziert
Eichelgabsch	Eichelhäher
Edscher	Schrank
eefach	einfach, leicht
eefäldsch	einfältig
Eel	Öl
Eemer	Eimer
eene	eine
eenor	einer
eens	eins
Eendselnes	einzelnes Geld
eendssch	einzig
eefäldsch	einfältig, komisch
ega	immer, fortwährend
egal	gleichgültig
eggn	den Boden mit einer Egge bearbeiten
ehde	bevor du ... etwas tust, dann ...
Ehgl	widerlicher Mensch
Ehglbadsn	schrecklicher Mensch
Eichgauds	Eichhörnchen
Eiforbibbsch	Ausruf des Erstaunens: Na so was!
Eimiddsch	Mittagschlaf
Einbieschr	Taschenmesser
Einnehmich	Arznei
einholn	einkaufen
einmummln	warme Kleidung, Decken umlegen
einsaggn	einpacken
einschmiern	einreiben
Einschüdde	Einstreu
eelidssch	einzeln
emende	vielleicht
Erbl	männliche Ente
Erdwolf	Maulwurf
ergardn	sich etwas ausdenken, erfinden
ergaddrn	etwas Seltenes bekommen
erleedschn	erledigen
erlohm	erlauben
ermäggrn	mit letzter Kraft schaffen, gerade so
errodsch	erotisch
ermurgsn	umbringen
erschd	erst
escha	nein, wo denkst du hin
Esse	Schornstein
Essngehrer	Schornsteinfeger
eurisch	unheimlich, gruselig
euja	ja, doch

Ficheland samt Malimo

Sächsischer Erfindungsreichtum

Es dürfte nicht unbekannt sein, dass wir in Sachsen sehr viel mit *machn* machen.

Frieh duhn mer uns de Haare machn. Dann machmer ärschdema ä Gaffee. Danach duhmer uns fein machn, un machn naus ins Griene. Da machmer dann ne Bause. Un schbäder wärmer richdschn Juggs machn, mid Grawall un Schbegdahchl. Hernachens machmer widder heeme. Da machmer dann Gasse. Un eenes Daaches duhn mer unser Schdärbchn machn. – Un wenn Sie ze langsam machn un eegal fraachn: »Was machdn das?«, da saachn mir: »Nu mache hin!«

Aber der Sachse ist nicht nur Macherin, sie ist auch Erfinder. Was denken Sie denn, was die Sachsen alles erfunden haben. Vor allem Sachen mit M: *M*eißner Porzellan, *M*elitta-Kaffeefilter, *M*alimo-Handtuch. Wissen Sie, wo Malimo** liegt? In Limbach-Oberfrohna! Und wissen Sie, wo Limbach-Oberfrohna liegt? - In der Nähe der Perle Südwestsachsens (Zwickau).

Und noch etwas mit M hat ein Sachse erfunden: die Ther*M*oskanne!

Ausnahmsweise können die Sachsen auch mal was mit B erfinden: den *B*ierdeckel und den *B*H. Oder mit *T*: den *T*eebeutel und die *T*rommelwaschmaschine.

Das Erfinden war eigentlich die logische Folge der Lieblingsbeschäftigungen im Sachsenland. Diese Tätigkeiten

** Markenname eines textilen Fertigfabrikats, das seit den 1950er-Jahren auf Grundlage eines von Heinrich Mauersberger entwickelten Nähwirkverfahrens mit drei Fadensystemen zunächst in der DDR und heute weltweit hergestellt wird.

enden alle auf *-ln*. Und sie betonen ausnahmslos eine gewisse Intensität der Ausführung. Generell neigen die Sächsin wie der Sachse zum *Friemln*, wenn sie *wergln*. Das heißt, sie machen Feinarbeiten, die nicht selten ein gewisses erfinderisches Talent erfordern, besonders beim *Zusammenfriemln*. Und *werkeln* bedeutet einfach arbeiten, nur dass es fröhlicher klingt als dieses.

Wiebln habe ich in der Schule nicht gelernt. Denn das Stopfen von Socken gab es nur im Handarbeitsunterricht. Und der war damals den Mädchen vorbehalten.

Aber am erfolgreichsten sind der sächsische Mensch und die sächsische Menschheit beim *Difdln*, beim Überlegen, wie man am besten zu einer Lösung gelangt. Selbst

Nichtsachsen *difdln*, wie sie den *Nibbel* durch die Lasche kriegen.

Aber die Sachsen sind nicht nur Erfinderinnen und Macher, sie sind auch Dichter und Denkerinnen. Ganz zufällig fällt mir da das Ehepaar Schumann aus Leipzig ein. Clara und Robert hatten nicht nur acht Kinder, sie waren das außergewöhnlichste sächsische Ehepaar in der zweiten Hälfte des 19. Jahrhunderts. Dabei ist Claras Rolle oft unterschätzt worden: Mit 16 der erste Kuss (1835!), mit 17 heimlich verlobt, mit 20 Robert gegen den Willen des Vaters geheiratet. Mehr als hundert Auslandsgastspiele als Pianistin. Erstes Konzert im Leipziger Gewandhaus mit 9. Und mit 18 vom österreichischen Kaiser zur Kammervirtuosin ernannt. Goethe und Richard Wagner lauschten ihrem Klavierspiel.

Ohne diese starke Frau an seiner Seite wäre Robert Schumann nicht Robert Schumann geworden. Denn Clara hat eine Lebensmaxime verwirklicht: Sie war ausgesprochen *fischeland*, also geschickt und aufmerksam. **Gunter Böhnke**

Das *F* *fädsd* und ersetzt in manchen Fällen als *Forsilbe* der Einfachheit halber das *V*, um nicht ständig *vor-* und *for-* zu *forwechsln*. Aber auch hier ist der Sachse nicht konsequent und erhält sich das *V* für einige Wörter (siehe V).

Fabe	kleine selbstgefertigte Pfeife der Kinder
fabsch	kurz angebunden
Fädsn	zerrissener Stoff
fädsd	gut, macht Spaß
Fadsche	Feier, Fete
fadschn	klatschen
fäddsch	fettig
Fäddbemme	mit Schmalz bestrichene Brotscheibe
Fädde	dreckige Hände
Fäddläbe	reichliches und gutes Essen
fäddleggn	In der Wendung *du gannsd mich ma fäddleggn*: du bist mir egal
Fäddsagg	schmutzige Kleidungsstücke, dicker Mensch
fädsd	super, sehr gut
fädsn	rennen, werfen
Fadsge	Angeber
Fage	Ohrfeige

faggn schmeißen
Faggsn Albernheiten
Fahne Geruch (aus dem Mund) nach Alkohol; Kleid
Fangn Haschespiel
fanschln handeln, tauschen
fähnsn heulen, weinen
fähnssch jämmerlich
fandrn fantasieren, spinnen
Färrlefanz Kram, alles mögliche Zeug
Färschdor Förster
färdsch fertig, wenn die Frau oder der Mann den Höhepunkt erreicht hat, Orgasmus
färdschmachn beenden, jemanden heftig zurechtweisen
Färndssche Kopf
Färsche junge Kuh
Färdsl kleines Kind
fardsn trompeten
faschiern herumfuchteln, sinnlose Bewegungen machen
Fassdaum Material, aus dem Schneeschuhe gebaut werden
fasln endlos reden
Faudse Ohrfeige
Fedd Fett; in der Wendung *macht das Kraut nicht fett*: ändert nichts
Feddsch Schlamassel
Feeds Spaß, Freude
feedsln Spaß machen; zündeln
Feier Feuer
Feierdseich Feuerzeug
Feife Pfeife
feign nähen
Feime Kartoffellager; zum Überwintern angelegte und mit Stroh oder Erde bedeckte Grube; Miete
feixn lachen
Feng Pfennig
fengbibrich geizig, dem Pfennig nachrennend
Ferd Pferd
Ferl, Ferlchen Forelle; geschicktes kleines Kind
Feuerriebl Schornsteinfeger
fibbslich winzig, klein
figgrich nervös, unkonzentriert
Fids Knäuel, Hektik
Fidschl Säge
fidschln hin- und herbewegen; sägen; sinnlos herumschneiden
Fidsl kleines Teilchen
fidssch nervös
fiebsch knapp, dürftig, ärmlich
Fiedrchn kleines Brotstückchen
fiedschn quietschen
fiere vier
Fieds Brotscheibe
fimfe fünf
Fimml Verrücktheit, Besessenheit
Fingnnäbbl kleines Schnapsglas; kleines Gefäß
fisblich unruhig, zappelig
fischeland aufgeweckt, gewandt, geschickt
Fissemadendsschn Ausflüchte; andere Umstände; etwas Dummes
Fissahsche Gesicht
fissblich nervös
Fläbbe Schmollmund
Fläbbn Ausweis, Papierdokumente, Führerschein
flabsn sich gegenseitig hochnehmen, Unfug treiben
flädern etwas unbeherrscht wegwerfen
Fladschn dicke Stelle, z. B. auf der Haut
Fläderwisch Gänseflügel (benutzt als Besen); Fremdgeher
flähdsn sich hinlümmeln
flänn weinen
Flaume Pflaume
fläumln an etwas herumarbeiten
Fläds Flegel, unverschämter junger Mann
flädsn sich rüpelhaft benehmen
Fleederneidsch Ohrenputzer
Fleesch Fleisch
Fleescher Fleischer
flebbn früh erscheinen
Fliesche Flüge; Pflüge; Flüche; Fliege
flieschn fliegen; pflügen
fliggn reparieren
Flidsbiebe hinterhältiger, raffinierter Mensch

Flooche	kurzer Regenschauer
Flossn	Hände
fludschn	schnell von der Hand gehen
fluggn	läuten
flugs	schnell
Flunsch	missmutig verzogener Mund
fobbn	jemanden ärgern
Foochl	Vogel
Foochlscheiche	Vogelscheuche
follflaum	kritisieren
forbaddln	verlieren
foräbbln	veralbern
forbämmbln	verziehen, zu sehr verwöhnen
forblämbern	vergeuden
forbumfiedln	verlieren
forbusd	wütend, zornig, verärgert
forbuddn	im Wachstum zurückbleiben
fordadderd	nicht ganz richtig im Kopf, verwirrt
fordmachn	weggehen, verreisen
forgaggeirn	veralbern
forgranchn	verstecken
forgnusn	in der Wendung *ich kann dich ni forgnusn*: ich kann dich nicht leiden
forgnordsld	verwachsen, verkrüppelt
forhäddern	sich versprechen, verwirren, durcheinanderbringen
forhädschln	verwöhnen
forhohnebiebln	verspotten, verhöhnen
forhundsn	verderben
formaledeid	verhext
formauliern	provokant widersprechen
fornaschn	mit jemandem eine zeitlich begrenzte intime Beziehung eingehen
formassln	eine gute Sache verderben
Fornefür	Schürze, die vorn über dem Hemd hängt
forgoofn	verkaufen
forgosemaduggln	eine Leckerei langsam, genussvoll verspeisen
formährn	durcheinanderbringen, vermehren, verlieren

forschärbln	verschleudern, billig verkaufen
forschlumbrn	verlieren
forsaubeudln	vergessen, verderben
forsieln	verlieren
forsohln	verhauen
forwammsn	verhauen
fosch	morsch; unfreundlich
Fradsn	Kartoffelpuffer
Freide	Freude
Fressbredd	Teller; Mund
friemln	Feinarbeiten machen; basteln
Friesel	Pickel; Schnittlauch
Frosdhugge	fröstelnder Mensch
Frosdmemme	kälteempfindlicher Mensch
forsimsn	vergeuden; vertrödeln
forwoochn	verwegen, draufgängerisch, mutig
Frums	liederliche, schlechte Arbeit, Pfusch
Fuchlheisl	Vogelhaus
fuchdsch	wütend, ärgerlich wütend
Fuchdl	in der Wendung *undr dor Fuchdl*: unter strenger Aufsicht
fuchdln	Arme hastig in der Luft herumbewegen
fuchsn	Ärger machen
Fugge	Klumpen, großes Stück
Fuggel	Dreck auf Kleidung
Fuhder	alte Maßangabe (ein Wagen voller Heu), auch in der Wendung *die had ja ä Fuhder Hei vor der Hüdde* (sie hat große Brüste)
Fuhsl	mieser Alkohol
fuddrn	essen
fudsch	verloren
fudschigado	für immer verloren
Fuffdschor	Fünfziger
Fuffdsn	Pause
fummeln	putzen, herumhantieren
Fumml	Kleidungsstück
Fundsel	kleine, dustere Lampe
Furds	in der Wendung *du hast einen Furz:* du bist übergeschnappt
Furdsmolle	Bett
Fussl	kleine wollige Flocke
fuudsn, anfuudsn	fauchen, anschnauzen

Gäffchn mid Gräbbelchn

Die Herkunft der Gemütlichkeit

Ich gloowe, dr gemiedliche Saggse is manchesma ä bissel heemdiggsch.

Um diesen Satz zu verifizieren (welch schönes Wort!), muss man erst mal klären, ob der Sachse/die Sächsin wirklich gemütlich ist. Denn der Genuss von Kaffee – *Gäffchn* – und kleinen Krapfen – *Gräbbelchn* – ist noch kein Beweis. Sicher verbreiten der Klang der stimmhaften Konsonanten am Wortbeginn und die mit breitgezogenem Mund artikulierten Umlaute ein gewisses Wohlbefinden. Aber spiegelt das Befinden den Charakter wider?

»Die gemütlichen Sachsen«, eine Volkssängertruppe aus dem Jahre 1910, haben kaum sichtbare Spuren hinterlassen. Die Diskografie verzeichnet zwar einige Dialekt-Vorträge, aber auch zahlreiche Titel aus dem Bereich der Militärmusik. Nicht direkt gemütlich.

Durchaus gemütlich erschien die Leipziger Wochenzeitschrift »Der gemütliche Sachse« von 1895 bis 1928. Dabei nahmen die Humoresken und Karikaturen keinerlei Notiz von der gesellschaftlichen Realität. Ziemlich grobschlächtig wurden die einzelnen Bevölkerungsschichten aufs Korn genommen und der Lächerlichkeit preisgegeben. Die Zeitschrift erschien im Bergmann-Verlag, in dem auch die Bücher von Lene Voigt veröffentlicht wurden. Einen Bergmann oder eine Bergfrau kann man jedoch darin nicht entdecken.

Erstaunlicherweise findet man das Wort *Gemütlichkeit* – mit oder ohne Umlautzeichen – sowohl im Englischen als auch im Französischen. Offenbar ist es so deutsch, dass dafür kein rechtes Wort in der eigenen Sprache gefunden wurde. Im größten englischen Wörterbuch finden wir als Erklärung für *gemütlich* das Wort *genial*. Aha. Der gemütliche Sachse ist genial. Und zwei Zeilen darunter wird *genial* mit *sympathisch* und *fröhlich* gleichgesetzt. Es wird also immer besser: Die gemütliche Sächsin ist nicht nur genial, er ist darüber hinaus auch noch sympathisch und fröhlich.

Für die Genialität der sächsischen Menschen sprechen die vielen Erfindungen und Entdeckungen.

Wenig bekannt bei den Entdeckungen ist dabei die Rolle August des Starken. Er rüstete eine Afrika-Expedition aus, die 1731 von Leipzig aus aufbrach. Geleitet wurde sie von dem Leipziger Johann Ernst Hebenstreit. Der war mit 29 Jahren Magister der Philosophie, Doktor der Medizin und Mitglied der Deutschen Akademie der Naturforscher Leopoldina. Er sollte Afrika erforschen und

für den Dresdner Hof seltene Tiere, Pflanzen und Kuriositäten erwerben. Kurios war, dass er mit drei (!) Begleitern von Tripolis nach Süden in die Sahara aufbrach und schon vor Jahresfrist wieder in Tunis eintraf. Grund dafür war der Tod August des Starken. So konnte Hebenstreit nicht wie geplant die Mündung des Senegal erforschen.

Die materiellen Ergebnisse der Forschungsreise gingen in der Dresdner Mairevolution 1849 verloren. Das Reisetagebuch Hebenstreits überlebte. Es ist ein Beleg dafür, dass die Monate im Wüstensand nicht zu den gemütlichsten im Leben des späteren Professors für Anatomie und Medizin gehörten.

Es gibt die Auffassung, dass wir die Abneigung der Unsachsen gegenüber unserer Sprache Walter Ulbricht zu verdanken hätten. Nun, das scheint mir doch zu viel der Ehre. Da könnte sich der Verdacht gegen eine bestimmte Berufsgruppe eher erhärten: der Volkspolizist der Deutschen Demokratischen Republik, der Vopo. Auch wenn er bekannt dafür war, im Schreibwarenladen nach *garierdem Lienchenbabier* und einem Globus von Dresden zu fragen, so waren seine antigemütlichen Grenzkontrollen legendär.

Manchmal stößt man bei der Beschreibung der Sächsin unter der Rubrik *gemütlich* auf die *Kaffeesachsen*. Diese Zuordnung ist nicht korrekt. Denn das Kaffeetrinken ist für den Sachsen eine Philosophie und kein Gemütszustand.

Außerdem stammt die Bezeichnung *Kaffeesachse* von einem Preußen. Und nicht von irgendeinem, sondern von Friedrich II., genannt der Große. Der wollte im Siebenjährigen Krieg die Sachsen schlachten. Er wartete aber vergeblich auf dem Schlachtfeld. Die Sachsen kamen nicht. Und sie konnten nicht kommen, weil sie im Zelt der

Marketenderin saßen und Kaffee tranken. Da soll Friedrich gerufen haben: »Die vermaledeiten Kaffeesachsen!«

Aber wir lassen uns doch von einem Preußen nicht beschimpfen. *Dor Gaffeesaggse is dor ä Sinoniem fier Bach un Beedhoofn, for de Budderbemme undn Bilschergohr.*

Übrigens soll sich in Wagners »Tannhäuser« unter den Zuschauern folgender Dialog abgespielt haben: Eine Frau beim Auftritt des Pilgerchors zu ihrem Mann: *Horsch droff – Bilschergohr!* Der Mann: *Das heerd mor dor glei. Dass das ä bilscher Gohr is!*

Erich Kästner hat den gemütlichen Sachsen schon vor hundert Jahren mit tiefer Zuneigung beschrieben:

Als einer über den Dialekt lachte
Mir sinn nich so gemiedlich wie mir sprechen.
Wir hamm, wenn's sein muß, Dinamit im Blut.
Da gennse Gift droff nähm, daß wir uns rächen.
Na, ihr Gesichte merkt sich ja ganz gut.
Wir wärn ihn schon noch mal de Gnochen brächn.
Nur Mut! **Gunter Böhnke**

Das *G* glaubt an seine Vielfalt, denn es ersetzt oft das *K* und das *Q*, siehe ebenfalls *Gw*. Aber während der Leipziger fast immer das *G* nutzt, bleibt der Dresdner gelegentlich hart und beim *K*, bitte bei *K* nachsehen.

Gabse	Jacken-, Hosentasche
gaggern	Laute der Henne; ständig reden, stottern
Gaggsch	Vergnügen, Haarknoten, Spieß
Gaffee	Kaffee
Gaffeedibbl	Kaffeetasse
gaffn	neugierig gucken
Gage	Entzündung; Krähe; Mädchen; Bläschen; Großröhrsdorf (Stadt)
Gaggeln	Eier
gaggln	fremdgehen
Gägge	Frosch
gähgsch	unwohl sein, blass
gahgn	neugierig schauen
Gähnaffe	neugieriger, dummer Mensch
gähgn	sich übergeben
Gährsche	Kirche
Gala	festliche Kleidung

Galle in der Wendung *da läuft einem die Galle über*; Ärger
Gahmel Heißhunger
gammln keiner Tätigkeit nachgehen
gämmln flirten
Gangr Spinne
Gangrhaube Spinnwebe
Gardn Garten
Gaschemme heruntergekommene Gaststätte
Gäsegeilchen Quarkkeulchen
gaubln tauschen, handeln
Gauderich Truthahn
gäugeln schwanken
gebauchmiedsld gelobt, jemandem Honig ums Maul schmieren
Geblähge Geschrei
geblädded sprachlos seiend, verblüfft
gedäsche sehr beweglich
Gedeese Getöse
gedreeschd es hat sehr geregnet
gefern Speichel beim Essen fließen lassen
Geferlädsschen Schlabberlatz
Gehärrne Gehirn
Gehobse Tanz
Gehre keilförmig, spitz zulaufendes Flurstück
Gehudsche Gesindel
Geier Teufel
Geifer Speichel, der aus dem Mund läuft
geifern hemmungslos schimpfen
Geigl Spiel; sinnloses Beschäftigtsein
geigln rumspielen
Gelbchn Pfifferling
Geldhaggsch geldgieriger Mensch
geleng plötzlich
gelfern bösartig reden
Gellnr Kellner
gelschend gierig, hastig, zu stark
Gelumbe Kram, nutzloses Zeug
Gemähre langsames Tun
gemäddld verdorben durch saure Milch im Kaffee
gemeene gemein
Gemoosche verstreut herumliegende Dinge; Reste; Abfälle
Genigge Genick
genmo früher
Gends altes, stumpfes Messer
gerammld gearbeitet
Gerassl alles mögliche Zeug, nutzlose Sachen
Geregge sperriges Gestell
Geriedehaufn Reisighaufen
Gesabber sinnloses Geschwätz
Gescheeche Gespenst, Vogelscheuche
gescheechd gescheucht, verscheucht
geschibbrd in einer Art Pfeffer-und-Salz-Design gemustert
Geschirre Vorderpflug
geschissn in der Wendung *drauf geschissn*: egal
geschisssch ängstlich
geschwalbd (eine) geknallt (bekommen)
Geschlebbe schweres Tragen
Gesoggs Pöbel, abwertend für arme Menschen
Gesbe zwei Hände (voll)
Geschdägge langer, dünner Mensch
Gewärsche Drängelei, Durcheinander
Gewärdsnälge Nase
Gewiehle Gewühl, große Ansammlung von Menschen
Gewidderschbridse Regenschirm
Gewehse Wind um eine Sache machen
Gewelbe Vorratskammer
gewichsd durchtrieben
Gewiegdes durch den Fleischwolf gedrehtes rohes Rind- und Schweinefleisch
Gewuhsl Durcheinander
Gedsuggl langsames Vorwärtskommen
Gicherliese kicherndes Mädchen
Giggser kleines Hähnchen
ginsdsch günstig, kindisch
giebrn gierig nach etwas verlangen
giebssch entzündet
giebsn nach Luft schnappen
Giege kleines Messer
giegsn jemanden mit einem spitzen Gegenstand stechen

gimmln saufen
Gingorliddsschn Albernheiten, Lächerliches
Gläggsor Maler
Glansch schlechter Teig
glauch feucht, nicht ganz trocken
Gledahsche Kleidung
Gleederbiechl Kleiderbügel
Glidsche kleiner Ort; Hut
Glidscher Kartoffelpuffer
glidschich glatt
Glinse Spalte, Riss
gloom glauben
gloobsch glaube ich
gloobsch ni glaube ich nicht
gloobsch o glaube ich auch
Glodse Fernseher
glodsn hinsehen, zuschauen
Glubbschoochn hervorstehende Augen
Glüsn verschwollene Augen
gnaadschn quengeln
gnadsich eingeschnappt
gnaubln knabbern
Gnerzel Halstuch zum Bedecken des Knutschflecks
Gnusbrgobb Dummkopf
Gogelmohsch wertloses Zeug, das man noch gebrauchen kann; wirres Durcheinander
gohgln zündeln, mit dem Feuer spielen
Gohlgegäges unappetitliches Essen
Gohllichd Kerze
gohmisch komisch, unwohl
Gommdiedchn Kehle, Gurgel; Hirn
Gondeln alte Schuhe
gondln fahren, reisen
gorni gar nicht, überhaupt nicht (in Dresden)
gorschln schreien (Kinder); gurgeln
Gose Weißbier, in Leipzig und weiterer Umgebung hergestellt
Gosse Rinnstein
grabschn greifen, handgreiflich werden
Gräbbelchn Gebäck
grabsisch habgierig
grahmschen suchen
Grädsche in der Wendung *dä Grädsche machn*: alle Viere von sich strecken
grächdsn wiederholend husten
grauln krabbeln, kraulen
Griebs Kerngehäuse von Birnen oder Äpfeln
Griebl böser Lümmel
Griebschl kleiner Apfel
Griefe fester Rückstand vom ausgelassenen Fett; Ausschlag am Mundwinkel; kleines Kind
grimmen jucken, sich reiben
griebln nachdenken
grien hämisch lächeln
Griesbabbe Griesbrei
Grieschl kleine Gänse
grieschn kriegen, kriechen
Griffl Hände
grinsn komisch gucken; grundlos weinen
Grinsebiggse fröhliche Person; Heulsuse
groggi erschöpft, müde
Groschn Groschen (früher für 10-Pfennig-Stück)
großgodssch prahlerisch
großmohglisch überheblich
grunsn schlafen
Grudschl verkümmertes Gemüse oder Obst
Grüdswurschd minderwerte Wurstsorte (Blutwurst)
gschamsch verschämt
Guhchenferdsche Backofen
Guhde Freundin
Guhdsdr Freund
Guggl Auge
Guggelchn Kinderaugen
guggemada schau mal dort (Überraschung!)
Guggor Fernglas
gulgsn hastig trinken
Gummifuffdsschr ein 50-Pfennig-Stück aus Alu; Kondom
Gungs fester Stoß
gungsn anstoßen
Gurchl Hals
Gusche Mund
gwadschn reden
Gwarg Quark
Gwarggeulchn Quarkkeulchen
Gwasslschdribbe Vielredner

Haderlumb will Hammelbeene

Verlorene Vokabeln

Verlorene Vokabeln oder verschwundene Ausdrücke kennt jeder. Jede auch. Im Kindesalter eignen wir sie uns an. Und wenn wir 2000 beherrschen, wundern wir uns, wie sie im vorgerückten Alter langsam wieder entschwinden. Das ist aber ein ganz normaler Vorgang. Als ich 42 war, hat mir ein Arzt gesagt, ich sei schon zwei Jahre zu alt, um mit dem Vergessen zu beginnen. Ich hab es aber trotzdem geschafft. Es geht ganz einfach. Wenn das Hirnkastel porös wird, kann man (also Mensch) zusehen, wie der Wortschatz sich minimiert. Nie zuvor leuchtete mir der Satz *Namen sind Schall und Rauch* so ein wie heute.

Aber Vokabeln wissen auch auf andere Art und Weise das Weite zu suchen. Entweder sie verschwinden gemeinsam mit einem Gegenstand, den sie bezeichnet hatten, oder sie verabschieden sich zusammen mit ihrem Träger, also ihrem Sprecher. Selbst wenn es sich dabei um ein weibliches Wesen handelt.

Beim Buchstaben A haben wir schon darauf hingewiesen, dass Wörter auch an Altersschwäche sterben können. Sie werden von den jungen Menschen einfach vergessen oder gar nicht erst gelernt.

Jetzt können Sie Ihren sächsischen Wortschatz überprüfen:

Ich hoffe, Sie sind nicht *vergabberd*. Und auch nicht *gääbsch*. Denn eine *Zaraffel* können die meisten Menschen nämlich nicht *forgnusn*. Und wenn sie sich *eindiesld*, *eisdern* sich manche sogar.

Falls Sie mal durch eine *Schlibbe* gehen, vergessen Sie Ihren *Bähnerd* nicht. Auch wenn Sie nur einen *Nadser* machen wollen, sollten Sie eine *Lung* nicht vergessen. Und auf keinen Fall das *Bärblie*. Es könnte sie ein *Schdöbel* überraschen.

Kleine Übersetzung gefällig?

Voilà: Ich hoffe, Sie sind nicht habgierig. Und auch nicht mäkelig. Denn eine bösartige Frau können die meisten Menschen nämlich nicht ausstehen. Und wenn sie sich parfümiert, ekeln sich manche sogar.

Falls Sie mal durch einen schmalen Durchgang eine Abkürzung nehmen, vergessen Sie Ihren aus Weiden geflochtenen Handkorb mit Bügel nicht. Auch wenn Sie nur ein kleines Schläfchen machen wollen, sollten Sie eine Verschnaufpause nicht vergessen. Und auf keinen Fall den Regenschirm. Es könnte Sie ein Regenguss überraschen.

So weit, so trocken.

Sachsen gelten als sparsam und vorsichtig. Wahrscheinlich gibt es deswegen eine ganze Reihe sächsischer Wörter für das Geld. Nicht alle sind heute noch Allgemeingut.

Wenn de *Biebn* alle sinn, muss wieder *Kies* her. Hauptsache, die *Knede* kommt bald, denn ohne *Moneten* und ohne *Moos* ist die ganze *Penunse* nichts wert. Da nützt weder *Schdoob* noch *Schmodd*.

Penunse kommt aus dem Polnischen *pienidze* und bedeutet – Überraschung! – Geld. *Moos* geht auf jiddisch *moos* (Geld) und hebräisch *ma'oth* (kleine Münzen) zurück. Und *Moneten* basieren auf dem Lateinischen *moneta*

(Münze, Münzstätte). Natürlich ist auch das englische *money* nicht weit.

Natürlich gibt es auch Wörter, die keiner mehr kennt, wie *Sutze* für Zuchtsau oder *Sutte* für Pfütze. Im Vogtland soll es noch zwei Hundertjährige geben, die solche Wörter beherrschen.

Neben dem Geld ist im Sächsischen noch ein anderes Tier mit vielen Synonymen vertreten: der Sperling oder Spatz: Allein in und um Leipzig gibt es dreizehn Namen für ihn, besonders in Lindenau, in Großzschocher und bei Lene Voigt.

Im Erzgebirge scheint es zwei Arten zu geben: den *Sperlingk* im Osten und den *Sparlich* (sic!) im Westen. *Sparlch* heißt er in Lauenstein. *Sperltssch* in Leipzig oder *Sperk* bzw. *Spirk*. Im Niederland ist er der *Spundser* oder *Spunter* sowie *Spundssch*, *Schnildssch*, *Irlb* und *Mimbs*. Um Leipzig findet sich auch *Schgerldssch*, *Schnerldssch*, *Erldssch*, *Ildssch* sowie *Spadssch* und *Sgadssch*, in Trebsen *Spadsscher*, in Lausick *Skadsjer* und in Kamenz *Sgodser*.

Wenn man weiß, dass es fliegende Fische gibt, liegt die Vermutung nahe, der Sachsenfisch böte einige Überraschungen. Und dem ist auch so.

Schneiderkarpen sind *Haarche* und wurden schon 1589 gesichtet. Vermutlich handelt es sich um Heringe. Da es aber auch noch *Bauernkarpen* gab, könnte es sich tatsächlich um Karpfen handeln. Dann gibt oder gab es in Sachsen noch *Alte* und *Bärsche*. Dabei handelt es sich definitiv nicht um alte Barsche. Aber auch nicht um alte Berge. Die *Zärden* schwammen in der Mulde und sollen – nomen est omen – ganz zart gewesen sein. *Krässen* sind Gründlinge oder Karauschen. *Ellersche* oder *Ellritzen* sind Elderitzen. Eine Besonderheit ist die *Fure*, die in der Bober bei Oberbobritzsch gefangen wird. Als *Fore* kennen wir sie heute noch in ihrer Verkleinerungsform, der Forelle, die dort auch *Förlein* genannt wird.

Jetzt möchten Sie noch wissen, wo Oberbobritzsch liegt. Das befindet sich natürlich in Sachsen. Neben Hilbersdorf. In der Nähe von Freiberg.

Alles klar?

Es ist ganz einfach: Sächsisch ist wie Erotik – leicht zu lernen! **Gunter Böhnke**

Das *H* bleibt, was es ist, und hilft gerne, alles schön zu dehnen, was dehnbar ist.

hä wie bitte?
Haareschneidr Friseur
Häbbchn kleiner Happen
Habbl Schaf
habern mangeln, nicht klappen
habsch habe ich
habbsch teuer, viel
hächln über jemanden herziehen; heftig atmen
Haggsch Bock, Eber
Hagge Gerät zum Lockern des Bodens
Hagge in der Wendung *du hasd wo ne Hagge*: Du bist wohl verrückt!
Hader Scheuerlappen; Hass, Ärger
Haderlumb Landstreicher, Gauner
hädsch hätte ich, in der Wendung *hädsch ham genn*: Hätte ich haben können
hädschnor hätte ich nur
Hagebudde Frucht der Heckenrosen
Haglsgröde Lausejunge
hähdschln streicheln, liebkosen
hahdschn schwerfällig schleppen; schlürfen
hahnebüchn unglaublich
hähschn hegen
halblang machen nicht übertreiben
Hallelujaschdaude Weihnachtsbaum
hallwähche halbwegs, einigermaßen
Hälmerle Kamille
hamm haben
Hamm kleines Brotstück
Hamml beschnittenes männliches Schaf; Krummbeiniger
Hammlbeene in der Wendung *jemandem dä Hammlbeene lang ziehn*: hart rannehmen
Hammr in der Wendung *das is ja dor Hammr!*: Das ist ja großartig!
hammr haben wir
hammse haben Sie
Handfähchr Handbesen
Hänge Gestell, um etwas aufzuhängen
hangschüsschs hangseitig
harsch hart; leicht gefroren
Hascher Fangspiel der Kinder
häschrn rastlos tätig sein
Haschmich in der Wendung *enn Haschmich ham*: verrückt sein
haschn greifen, fangen
Hasemiggel kleiner Hase
härsch schnauben, laut atmen
hausn draußen
Hebeschmaus Bewirtung beim Richtfest
Häggmägg Unsinn
Heesde gepflasterter Bereich vor der Haustür
häggrn klettern, laufen
Heddl zuckelnde Eisenbahn
Heed, Hedl Haupt
heeflich höflich
Heem Haus; Heimat
heeme nach Hause, zu Hause
heemleuchdn jemandem die Meinung sagen
heemdiggsch heimtückisch
Heemdresch letzter Trunk
heescharr heißer
Heeßn ein heißer Kaffee
Hefdlmachr in der Wendung *offbassn wie ä Hefldmachr*: kontrollieren (eigentlich Hersteller von Haken und Ösen)
Hei Heu
Heia Bett
heide heute
Heide Wald
Heisde Fußweg
Herre Gott, Vorstand einer Familie, in der Wendung *wie der Herre, sos Gescherre*: Wie der Mensch sich verhält, so verhält sich auch sein Tier; wie der Chef, so die Untergebenen; wie die Eltern, so die Kinder

herrje(mine) erstaunen, Ausruf des Erstaunens
herumbaldohwrn herumlärmen
herumdruggsn sich nur zörgerlich äußern
herumeiern sich nicht klar ausdrücken, unsicher sein
Herumgemähre Bummelei
Heweedel Zank, Streit
Hidsche kleine Fußbank
Hiedrabradl Tablett
hiefern frösteln
hiefrich schwächlich, kränklich
Hiele junge Gans
hiem un driem hier und dort
hierinne innen
hierobm oben
hierundn unten
Hiesschr Einheimischer
Hieze Katze
Himmelgüchl Marienkäfer
hinbrächln lümmeln
hinbriddn sitzen
hinflädsn lümmeln
hinhaun etwas mit Wucht hinwerfen; sich hinlegen; beeilen; etwas geht gut; aufhören
hinmachn sich beeilen; pullern
hinne drinnen
hinschellrn hinfallen
hinsoggn rennen, schnell laufen
Hindrboosemuggl ganz weit weg
hindrfodzsch hinterhältig
Hindrn Gesäß
hobsgehn verloren gehen; sterben
Hoddich üble Gesellschaft
Hoggsd Hochzeit
Hudwolee feine Gesellschaft (auch ironisch gemeint)
Hohle tief ins Gelände eingeschnittener Weg, Hohlweg
holsch hole ich
Hölzl Streichholz
Holzwurm Tischler
Horbel, Hormsl Ohrfeige, Kopfnuss
horchn aufmerksam zuhören
horglich uneben, buckelig
Hornoggse blöder Kerl
Horndssche ärmliche, verwahrloste Behausung
Hubbe, hubbn Hüpfspiel, hüpfen
Hubbefloh Floh
Hubbegäsdl Kinderspiel
Hubbeseil Hüpfseil, Springseil
Hubbdohle Mädchen
Hübl kleiner Berg
Hüdde Toilette
Hugge Rücken; Tuch, das man zusammenbindet, um damit Lasten auf dem Rücken zu tragen
Huddl Schnuller; altes Fahrzeug
Huddelei Problem, Schwierigkeit
huddln gedeihen; Glück bringen
hudschn rutschen
Hudschge Frosch, Kröte
hudzn mit Bekannten am Abend zusammensitzen und plaudern
Huggl Hügel
hui hui hui nicht gründlich arbeitend, oberflächlich
Hule kleine Gans, Gänschen
hule hule Lockruf, um die Gänse zu holen
Humbugg belangloses Zeug
Humml in der Wendung *dä Hummln ham*: ungeduldig, nervös sein
Humini Kopfschmerzen
Hundeescher Pils
Hunschel, Hundsch Ferkel, kleines Schwein
hurdisch sich beeilend, flink, behende
husch, husch schnell machend
Husche kleiner Regenguss, Schauer
Huschl kleines Feuer im Ofen, unscheinbare Person
huschln warm einhüllen
huschn sich schnell bewegen
Huss Hose

I ohne i

Unsagbar sagbares Sächsisch

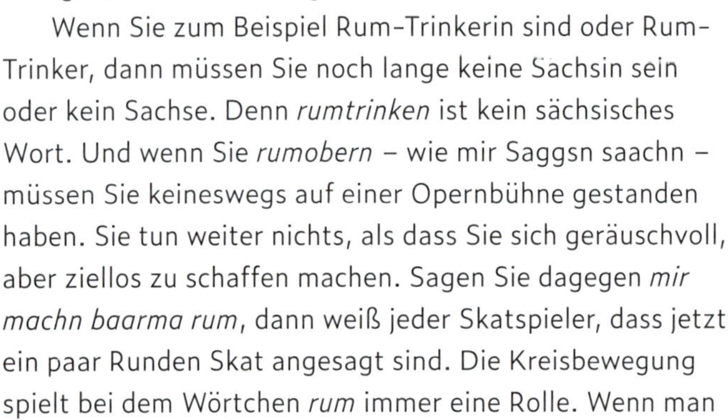

Also eins ist klar: Sächsisch mag unsagbar sein, aber unsäglich ist es nie.

Wenn Sie zum Beispiel Rum-Trinkerin sind oder Rum-Trinker, dann müssen Sie noch lange keine Sachsin sein oder kein Sachse. Denn *rumtrinken* ist kein sächsisches Wort. Und wenn Sie *rumobern* – wie mir Saggsn saachn – müssen Sie keineswegs auf einer Opernbühne gestanden haben. Sie tun weiter nichts, als dass Sie sich geräuschvoll, aber ziellos zu schaffen machen. Sagen Sie dagegen *mir machn baarma rum*, dann weiß jeder Skatspieler, dass jetzt ein paar Runden Skat angesagt sind. Die Kreisbewegung spielt bei dem Wörtchen *rum* immer eine Rolle. Wenn man

de Schwiechermudder rumgriechn muss, will man sie auf seine Seite drehen. Und wenn man von einer Neuigkeit hört *Das war rum wie nischd*, dann stellt man sich doch unwillkürlich eine kreisförmige Ausbreitung vor. Oft liegt darin auch eine gewisse Ziellosigkeit: *Ich bin dän gandsn Daach in der Schdadd rumgeferschderd* (wie der Förster im Wald).

Viele *rum*-Wörter vermitteln das Gefühl des Unbestimmten und eine gewisse Entspannung.

Sie sind eine natürliche Verstärkung der Grundstruktur des Sächsischen: Wenn wir *rummuddln* und *rummährn*, *rumdambern* und *rumgammln*, ist das zwar nicht produktiv, stellt aber eine anheimelnde Ziellosigkeit in Aussicht. Und es steht ganz einfach für langsam arbeiten, trödeln, unproduktiv arbeiten, nichts Sinnvolles machen. Also für all die Tätigkeiten, die in der DDR als *asoziales Verhalten* unter Strafe standen. Heute fallen diese Verhaltensweisen unter die *Work-Life-Balance*.

Wir Sachsen, ob Frau, Mann oder Kind (w/m/d), benutzen noch immer einen Wortschatz, der zweifelsohne auch Unsagbares einschließt. Schon heute outet man sich als sächsisches Wesen – oder zumindest als Ostdeutscher –, wenn man nicht *in* 2023 und *an* Weihnachten sagt und 15.45 Uhr als dreiviertel vier bezeichnet.

Wir sind ja schon immer für Koexistenz eingetreten. Das haben wir vor allem nach dem Wiener Kongress von 1815 bewiesen, als jeder zweite Sachse plötzlich ein *Muss-Preuße* war. (Die Preußen – und besonders die Berliner – haben es bis heute nicht verwunden, dass in jedem von ihnen ein halber Sachse wohnt!)

Ich aber kann mich nicht überwinden, zum *Fleeschr* Schlachter zu sagen, wenn ich bei meiner Cousine zu

Besuch bin. Und wenn die Verkäuferin dort erst mal *schauen* muss, ob sie die von mir gewünschte Ware da hat, statt einfach *nachzuguggn*, werde ich nervös. Ich muss auch nicht fegen oder mir das Endstück vom Brot belegen. Ich *kehre* einfach und *schmier mir ä Renfdl*. Wie ich mir ja auch *ne Bemme* oder gar ne *Dobbelbemme* schmiere.

Wobei die Bemme nicht aus dem slawischen Sprachraum kommt, wo beschmieren oder bestreichen *pomazac* heißt, sondern aus dem Niederländischen: *boterham* = *Budderbemme*.

Dabei wollen wir keineswegs ins Populistische abgleiten. Denn es ist die Wissenschaft, die Wissen schafft. Und nicht Arthur Schramm, das Faktotum aus dem mittleren Erzgebirge (Annaberg-Buchholz), der einst skandierte: *Dor Gumbl aus dem Schdolln griechd. Hurrah, dor Sozialismus siechd!* In keinem ostdeutschen Dialekt klang die hehre Losung des Sozialismus so doppelbödig wie im Sächsischen … **Gunter Böhnke**

Das *I* inspiriert zu Worten wie *iedssch* (zornig) oder *iwou* (nein) und es ersetzt auch gern mal das *Ü*, aber auch hier ist der Sachse inkonsequent (siehe U).

ibbch üppig, voll
ibbln rennen
iebergandidld größenwahnsinnig
ieberflisssch übrig, unbrauchbar; auf der anderen Flussseite
ieberlei übrig
Iberdsiehr Pullover; Kondom
Iddie Idiot
iedssch zornig
ieberelbsch auf der anderen Elbseite
ieberle üppig, voll
iehde wählerisch
ieneln heimlich, verstohlen gucken
Ieschl Igel
Iesche Frau, Freundin
Iesl verbrannter Abfall vom Docht einer Kerze; Petroleumlampe
Iewl, iewl Übel, übel
iewllauschn schlechte Laune haben
ieworgandiedld großspurig, mehr als selbstbewusst
iggln schnell laufen
Ildis in der Wendung *der schdingd wie ä Ildis*: Der riecht schlecht
Ingrädensschn Zutaten
innewendsch innendrin
Irrwisch nächtliche Schreckgestalt
iwou woher denn, auf keinen Fall

Ja, jetzt, nu oder nee

Jasager und Neinredner

Ein Wort geht um in Sachsen - das Wort *nu*. Viele, die den Ausdruck nicht kennen, hören ein englisches »no« und denken: Warum sagen diese Eingeborenen da an der sächsisch-tschechisch-polnischen Grenze immer: *No, also nein!?* Die *Hiesschn* schütteln den Kopf, denn sie meinen doch: *Ja*. So entstehen Missverständnisse zwischen Ostwest und Südnord und Nordost und Südwest.

Zur Aufklärung: *Nu* kann durchaus als Zustimmung gewertet werden, vor allem in und um Dresden, entlang des

sächsischen Elbtals. An der Pleiße in Leipzig sagt das kaum ein Mensch und im Vogtland äußerst selten. Das Wörtchen beruht auf einem der sprachlichen Ursprünge des Landes, nämlich dem Slawischen. Die Nachbarn in Polen sagen noch heute *no* und in Tschechien *ano* für ja, sie verkürzen meist auf *no*. Da Sächsinnen und Sachsen etwas maulfaul sind, reicht ihnen das *nu*, um ihr Einverständnis zu geben. Sie *nu-schln*. Das kommt vom Frühneuhochdeutschen *nuseln*, also *näseln*, durch die Nase sprechen. Schmallippig öffnet der Sächselnde nur minimal den Mund, weil er die Zähne zusammenbeißen muss. Er klemmt Buchstaben in sein *Nuschlbredd*, den Mund, ein oder zieht sie zusammen, um überhaupt etwas rauszukriegen.

Nu besitzt ein großes verbales Spektrum. Es wird nicht nur als *ja* benutzt, sondern bezeichnet ebenso einen mehr oder weniger eng begrenzten Zeitraum. *Nun* oder *jetzt* kann etwas passieren, muss aber nicht. Dieses Wort ging in alle Welt. Die Engländer sagen zu jetzt *now* und die Schweden genau wie die Sachsen: *Nu*. So sind die, denen manche vorwerfen, sie seien provinziell, *im Nu* ganz international.

Nu kann ein gewisses Erstaunen betonen: *Nu gugge ma da!* Auffordernd funktioniert es auch: *Nu hör abr off!* Die Aussage *nu ja* lässt den Rückschluss zu, dass der Sprechende unentschieden ist und sich nicht wohlfühlt beim Beurteilen der Lage. *Nu aber* drückt einen Vorwurf oder eine Überraschung aus, *nu he* Bestürzung genau wie Ärger, *nu da* Schadenfreude oder Genugtuung, *nu doch* bestätigt schlechte Vorhersagen. Wenn mal gar kein Gespräch zustande kommt, langt ein einfaches *nu, nu*. Damit wird die Einsicht in einen unabänderlichen Tatbestand ausgedrückt: *Mor muss das Lähm ähm nähm, wies Lähm ähm is.*

Ein *nu* passt zu jeder Lebenslage. Es soll sogar schon Liebende gegeben haben, die sich vor dem Traualtar, das *Nu-Word* gegeben haben. Die berühmten zwei Buchstaben drücken aus, wie gefühlvoll der Sächselnde sein kann. Zur Aufklärung gehört noch folgende Information: *Nein* heißt *nein*. Das wurde vor Jahren juristisch festlegt. In Sachsen muss mit dem Gegenteil gerechnet werden. Denn es kann sein, dass eine sächsische Frau bei einem Gespräch mit ihrer Freundin meint: *»Nee, also, da hasde Rechd, Hannelore.«*

Der Sächselnde meint es nicht immer so, wie viele meinen, dass er es meint. Wenn er *nee* sagt, meint er doppelt *ja!* Der Ausdruck *nee, das war richdsch gudd* unterstreicht seine Begeisterung. Es ist sozusagen eine verneinende Bejahung. Nur ein *nu nee* lässt ein zögerliches, abgeschwächtes *Nein* erahnen. Diese feinen Unterschiede lassen darauf schließen, dass Sachsenmenschen keine Jasager sind. Vielleicht wollen sie sich auch nicht festnageln lassen, denn *wer weeß schon, wies ma gommd - nu wor?* **Peter Ufer**

Das *J* jodelt der Sachse auch schon mal wie der Bayer, es kann auch zu *dsch* werden, wie bei *Dschunge* (Junge).

Jäche	Durchfall
Jachel	Wacholder
jächn	hetzen, scheuchen
jachdn	herumtollen
jäddse	jetzt
jähdn	Unkraut aus der Erde ziehen
jähling	plötzlich
jabsn	nach Luft schnappen
Jäschor	Jäger
jauern	winseln, heulen
jäuschn	nässen
Jadsl	dunkler Saft (als Rückstand in der Tabakspfeife)
Jesses	Ausruf des Erstaunens
Jiebchn	Jäckchen
Johanni	Johannestag
Johgl	spaßhafte Person; Liebhaber einer Sache
johgln	reizen
Jubbe	dicke Jacke
Juchhannl	Wacholder
juchdln	ausgehen
juchsn	schrill auflachen
Jungsfisd	Mädchen, das gern mit Jungen spielt

Kuddlmuddl und muddln

Durcheinander mit Ordnungsprinzip

Es gibt ein Wort im Sächsischen, das *fludschd* so schön über die Lippen: *Kuddlmuddl* oder ganz weich sächsisch: *Guddlmuddl*. In dieser Vokabel steckt so viel drin, dass der Nutzer schon mal den Überblick verlieren kann. Ein einziges Durcheinander. Und genau das bedeutet *Guddlmuddl* auch: Chaos, Wirrwarr, Tohuwabohu. Das Gegenteil von Ordnung.

Die Herkunft des Wortes ist nicht eindeutig geklärt. Der *Guddlmuddl* kam vermutlich Mitte des 19. Jahrhunderts von Berlin aus nach Sachsen und wurde hier schnell ansässig. In der zusammengesetzten Vokabel steckt vorn die niederdeutsche Dialektform *koddeln*, oberflächlich

wachsen, und hinten der *Moddr*, Schlamm, Schmutz. Die *Kuddeln* weisen zugleich auf die Kutteln hin, nämlich die Innereien und Gedärme, bei denen es ebenfalls etwas unübersichtlich zugeht. Bei *muddel* dagegen geht es nicht um die Mutter, sondern das *Muddln*. Und da sind wir bei einem Vorgang, der in Sachsen von enormer Wichtigkeit ist.

Denn Sächsinnen und Sachsen *muddln* gern. Die meisten Deutschen glauben allerdings, das Volk da unten im nahen Osten würde *muddln* ausschließlich wörtlich nehmen. Denn im Großen Duden steht geschrieben, *muddln* sei planloses und liederliches Arbeiten und daraus folge ein einziger *Guddlmuddl*. Irrtum!

Zum *Muddln* gehört viel mehr. Es ist in Theorie und Praxis typisch sächsisch, aber weder planlos noch liederlich. Es drückt vielmehr eine spezielle Strategie aus. Damit formuliert Sachsen seine Haltung. Denn wer *muddld*, der weiß genau, was er tut, auch wenn er nur so tut, als ob er etwas tut. *Muddln* ist nämlich ein Tuwort, also ein Tätigkeitswort. Im sächsischen Fall ist es ein Verb mit mehrfacher Bedeutung:

Erstens: *Muddln* heißt etwas zu tun, aber weder zielstrebig noch mit einem spürbaren Verbrauch an Energie. Der *Muddler* macht ganz aktiv nichts. Mit seiner simulierten Emsigkeit treibt er jene, die meinen, niemals zu trödeln, in den Wahnsinn. Das scheinbare Beschäftigtsein trägt einen Leitsatz vor sich her: *Mir wärn schon machn, das nischd wird.*

Zweitens: *Muddln* funktioniert wie Meditation. Es versetzt die *Muddelnden* in einen Zustand der Erholung und des Abstands zu allen Problemen. Es wirkt wie ein innerer Seelenurlaub, wie ein Kanister Entspannungstee. Manchmal ist es notwendig, auszusteigen aus dem Weltengetriebe, um es zu verstehen. Dann sind die *Muddler* nicht weg, aber auch nicht hier. Sie sind einfach ganz bei sich.

Drittens: Scheinbar steht das im Widerspruch zum Fleiß der Sachsen, aber wer das denkt, der kennt ihn nicht. Denn *muddeln* ist die Fähigkeit, unangenehme Zeiträume mit erfindungsreicher Anpassungsgabe unbeschadet zu überstehen. Und dies sowohl in der Familie als auch bei gesellschaftlichem Unwohlsein. Das hat der Sachse perfektioniert.

Viertens: Die *Muddler* setzten das *Muddln* bewusst ein, um passiven Widerstand zu leisten. Wer *muddld*, der macht nicht alles mit, der verweigert sich und tut nur so, als ob er mitmacht. Das funktioniert wie eine Art Untergrundbewegung. Die *Muddlgemeinschafd* des Landes wahrt den Schein, um am Ende das zu tun, was sie will, und nicht das, was die sagen, was zu tun ist. All das ist vorgetäuschtes *Guddlmuddl*, das letztlich völlig in Ordnung geht. **Peter Ufer**

Das *K* gibt's im Sächsischen eigentlich nicht. Aber das stimmt nicht überall. So bleibt meistens am Anfang der Wörter, vor allem in Dresden und Umgebung, das *K* ein *K*. In Leipzig wird die Sprache überwiegend weichgespült. Es kann aus dem K aber auch ein D werden. Deshalb siehe auch D und G.

kääbsch	trotzig, eingeschnappt
kabbln	harmlos streiten
Kaasnabln	Augen
Kabuff	kleiner Raum
kachln	heizen; schnell fahren
kadschn	laut kauen, schmatzen
kädschn	kampeln
Kaff	kleiner Ort
Kaffahdn	Späße, lustige Streiche
kaffern	an allem herumkritisieren, nörgeln, mäkeln
kahmig	schimmlig
Kalahdse	ulkiger Kerl
kalahdsn	Spaß machen
kalaschn	verprügeln
Kalmes	Tollpatsch, ungeschickter Mensch
kalmen	schlummern
kambln	balgen, miteinander ringen
Kannabee	Sofa
Karacho	hohe Geschwindigkeit
Karbadsche	Lederriemenpeitsche
Karre, Karrehde	Auto
Kärsche	Kirsche; hübsche, junge Frau
Karsd	Hacke zum Auflockern der Erde

Käsebladd	Zeitung (abfällig gemeint)
Käsehidsche	kleiner Schlitten
Kadznschderds	Schachtelhalm
Kaube	mit Moos bewachsener Erdhügel
Kauderwelsch	sprachliches Durcheinander
kädsn	fortwährend husten
Kaudz	Haarknoten
Keibel	Holzgefäß als Viehtränke
keifn	laut fluchen
keischn	keuchen
Kesber	Pausenmahlzeit
Keuche	starker Husten
Kiddelfiddiche	Krauteintopf; feuchter Teig
kiefig	frech, scharf, zänkisch
kirre	gezähmt, in der Wendung *jemand kirre machn*: jemanden verrückt machen
Klagg	Riss
klamm	feucht
Klabs	Schlag auf den Po
kleggenos	durchnässt
Klidsch	Brei
Klieslheber	Kelle; Büstenhalter
Klumb	Kloß, Klumpen
Klumbadsch	formlose Masse; ein Haufen altes Zeug
Klungr	Fransen; Schmuck
Knagge	Konfirmationsunterricht
Knadsch	Ärger
knälen	langsam essen
knärchln	quengeln
Knärrdsl	Füße
Knebberdschn	Füße
Knede	Geld
kniggrn	kauern
kniggrich	geizig
Kniedsche	zerdrückte Kartoffel
Kniedschelchen	eine kleine Menge
kniedschn	zusammendrücken
Knidsche	zerdrückte Früchte
Knifde	Schnitte
Knilch	Fremder; kleiner Kerl
Knisbl	gebrechlicher Mann
knisbln	kleine, mühsame Arbeit verrichten
Knöbl	hervorstehender Knochen an Hand oder Fuß
Knobb	Knopf, kleines Kind
knöbbln	Knöpfe herstellen
Knordsl	Stück verwachsenes Holz
knorge	prima
knuhdschn	küssen
knülle	erschöpft
Kobb	Kopf
Kobbduhch	Kopftuch
Kobblkods	undefinierbare Masse
koberig	geizig
Kolchose	landwirtschaftlicher Betrieb
Koller	warme, gestrickte Weste, in der Wendung *der grichd än Koller*: der wird verrückt
Koofmich	Kaufmann
Komdor	Büro
kommod	bequem
konfus	nervös
Kodse	Decke
krachn	in der Wendung *der gehd krachn*: zugrunde gehen
krächzn	husten; mit Halsschmerzen sprechen
Kradsch	Unkraut
kradschn	zetern
krauchn	kriechen
Kräudich	Blattwerk von Gemüse
Kreidze, Greize	Kreuz
Kriedschbiggse	Opernsängerin
Kriedschen	Kinderlärm
kriedschn	kreischen, schreien
Kriewadsch	Knirps
krimmen	jucken
Krödn	Geld
Kruhdsch	Streit
kruhdschn	streiten
Kuddln	Gedärme
kuddln	trinken
Kuddlmuddl	Durcheinander
kuddrich	übel sein
Kuhbläbbersche	Kuhfladen
Kuhbläge	abgelegenes Dorf; Laute der Kuh
Kuhhoosen	Kaninchen
Kuhmudschn	Kuh
Kuge	Kopftuch
Kukuruds	Mais
Kuller	Kugel
kullrn	rollen
kuschln	warm einhüllen, sich aneinander wärmen

Laadschn in Laadschn

Geschwindigkeiten sächsischer Fortbewegung

Sächsinnen und Sachsen sind Weltenbummler. Stets und ständig wollen sie *losrammln*, sich auf die Socken machen, *off dä Soggn, ford, naus* oder *nübr machn*. Zugleich gehören sie zu jenen Menschen auf der Welt, die schon zu Hause, *daheeme*, Heimweh haben.

Sie sehnen sich einerseits nach Bulgarien oder Thailand und andererseits nach Balkonien oder Terrassien und vor allem nach den Heimatverbliebenen von nebenan. Wie schön es in den eigenen Tälern, Bergen und Ebenen ist, wissen die *Hiesschn*, die hier leben, vor allem deshalb, weil sie mal weg waren. Deshalb lieben die sächsischen Touristen vermutlich das Reisen so sehr. Es ist einfach herrlich, an den eigenen Wohnort zurückzukommen.

Das Wort *loofn* bezeichnet beim Unterwegssein übergreifend die Fortbewegung per pedes, also zu Fuß, um von A nach B oder auch von D nach W zu gelangen. Das kommt ganz auf die jeweilige Gegend an, wo das Wandervolk gerade umherzieht. *Loofn* ist allerdings nicht gleich *loofn*. Die Erdenbegeher *loofn* mit unterschiedlichen Geschwindigkeiten. Die persönliche Gangart unterscheidet sich durch passives oder aktives *Loof*-Verhalten.

Geschwindigkeit eins: Schwerfälliges, nachlässiges, schleppendes Gehen heißt *laadschn*. In Sachsen existiert dafür sogar eine Schuhform, nämlich die *Laadschn*. Das sind abgetragene Treter, ausgeleierte Pantoffeln, die weit über dem Verfallsdatum am Boden liegen, aber immer noch ihren Dienst tun, weil sie so schön gemütlich und immer da sind. Es gibt auch eine Weisheit, die die tiefe Philosophie des Sachsenlandes beschreibt: *Wenn mor ä baar Laadschn had und eener is weg und mor had bloß noch den andern, dann nüdzn een alle beede nischd.*

Laadschn besitzt noch weitere Bedeutungsinhalte. Wenn eine Person einer anderen droht, ihr oder ihm gleich eine zu *laadschn*, dann droht Gefahr. *Ich laadsch dir dlei eene* heißt: Ich hau dir jeden Moment eine runter, ich ohrfeige dich. Jemanden oder etwas *laadschn* bedeutet zudem, den oder das treten. *Gelaadschd is gelaadschd* ist die Redewendung, um zu sagen: Das ist nicht wieder gutzumachen. Das *Geladsche* kann übersetzt werden mit: dummes Gerede. Wenn etwas *ladschig* schmeckt, dann hat es einen faden, schlechten Geschmack. Deshalb bezeichnet ein *Laadsch(!)* auch einen dünnen, miesen Kaffee.

Geschwindigkeit zwei: Wenn eine oder einer *biddld*, dann schlendert sie oder er entspannt ziellos herum oder bummelt untätig irgendwo in der näheren Umgebung umher. *Biddln gehn* beschreibt zudem das Einkaufen, allerdings ohne vorher genau zu wissen, was erworben werden soll, sondern als Freizeitvergnügen, was im Einzelfall teuer werden kann. *Biddln* wird außerdem gesagt, wenn jemand abends ausgeht, um mit jemandem anzubändeln. Dass *biddln* auch verpetzen heißt, kann, aber muss nicht mit den anderen Bedeutungen in Zusammenhang stehen.

Geschwindigkeit drei: *Schlürfn* kennzeichnet ein fast zeitlupenartiges Vorwärtskommen. Dabei schleifen die

Schuhsohlen nachlässig über den Boden und es entstehen *Schlurf*-Geräusche, die die Schlaffheit des *Schlürfers* unerträglich betonen.

Sabbn nennt sich Geschwindigkeit vier, bedächtiges Vorwärtskommen. Wobei hier durch Schmutz gepatscht wird und die Laufenden laufend auf allen Wegen und im Flur dreckige Spuren hinterlassen.

Geschwindigkeit fünf: Tatsächlich kann sich das sächsische Fußvolk auch schnell bewegen. Dann *iggld*, also hastet es los. Oder die Personen *behsn* durch die Gegend, was schon sprintverdächtig anmutet. Manche *dibbln* unverdrossen kilometerweit und machen so ihre *Dibbldabblduhr*, eine Art sächsischen Amateur-Marathon ohne Kilometerbeschränkung und besondere Beschleunigung. Es geht, wie es geht.

Geschwindigkeit sechs: Bei Erschöpfung kann es passieren, dass am Ende nur noch *gehudschd*, also gekrochen wird. *Dorgln* dagegen beschreibt einen unsicheren Gang aufgrund übermäßigen Alkoholgenusses. Aber das Ziel wird irgendwie am Ende immer erreicht. **Peter Ufer**

Das *L* lässt lustig *labern* (reden) oder *lunschn* (nachsehen) wie bei *labbsch*, *labern*, *lawede*, *lunschn* oder *Luladsch*.

Labbe	verzogener Mund
läbbsch	billig, von minderer Qualität
läbbrn	zusammensammeln; Appetit haben
labbrich	dünnflüssig
labrn	sinnloses Zeug reden
labbsch	schwach, weich
Läbsch	Lippen
Laache	ausgelaufene Flüssigkeit
Laadsch	dünner Kaffee; alter, abgetretener Schuh
laadschn	laufen, treten
lädsch	schief
ladschig	geschmacklos
Laggaffe	Angeber
lahmarschig	langsam sein
Lähm	Leben
lamendiern	klagen, jammern
Lamäng	in der Wendung *aus dor Lamäng*: aus dem Handgelenk
langscheemlich	langweilig; die Ruhe weghabend
Lasche	kleine Hautwunde

Lase	Gefäß mit Ausguss und Deckel
lässsch	lässig
laudln	bummeln
lauern	sehnsüchtig versteckt warten
laweede	kaputt, wackelig
Leibzsch	Leipzig
Leibzscher Lerche	typisches Leipziger Gebäck
lech	rissig, undicht
Leem	Leim; Löwen; Lehm; Leben
Leggarsch	sich einschmeichelnder Mensch
Lehde	unbebautes Land
Lehne	leicht ansteigender Berghang
Lein	Flachs
Leibchen	Hemd mit Strumpfhalter
Leiermilch	Magermilch
leiern	ununterbrochen reden; drehen
Leide	Abhang; Leute
libbern	gerinnen
Libberlabbsch	süßes Naschwerk
Lichenschmans	Leichenschmaus
Lid	Deckel; Klappe
Liedl	Lied, Gesangsstück
Liebchen	die Liebste; kleine Babyzehen
Liese	eitriger Pickel; in der Wendung das *is ne dumme Liese*: Schimpfwort
loddrich	liederlich
Lohdn	lange Haare
loofn	laufen
Lorge	schlechter Kaffee
lorgsn	dummes Zeug reden
Luch	Loch
Luhder	durchtriebener Mensch
Luhderbeen	Spitzbube, Spitzbübin mit bösartigem Verhalten
Luhladsch	langer, großer Mann
lumbrn	gammeln
Luhbrijahn	liederlicher Mensch
Luhmich	hinterhältiger Mensch
lunschn	beobachten, schauen
lühschn	lügen
Lusche	Hund; Dirne; Spielkarte ohne Zählwert; Pfütze
luschn gehen	tanzen gehen

Muschebubu als Glücksfall

Das Jiddische im Sächsischen

Die Sachsen sind ein erfindungsreiches Völkchen. Alles, was im Leben hilft, kommt aus Sachsen: der Bierdeckel, der Kaffeefilter, der DKW, also der erste deutsche Kleinwagen, die Kleinbildkamera, die Liebesperlen, der Teebeutel, die Fernsehröhre, der FCKW-freie Kühlschrank. Die Sachsen, die sind helle und nutzen dennoch ein Wort für den persönlichen Verdunklungseffekt: *Muschebubu*. Es wird genauso geschrieben, wie *genuschld*, nicht ganz verständlich, aber den Mundartsprachlern klar, was gemeint ist.

Der Ursprung des Wortes liegt - natürlich - im Dunkeln oder irgendwo ganz am Anfang des Lebens. Vielleicht entfuhr die Lautmalerei einst dem sächsischen Urmenschen, der das Feuer einfing, es in die Höhle trug, damit seiner Horde dort ein Licht aufgehe oder er im *Muschebubu* schmusen konnte. Vielleicht ist es aber auch der Lichtschein, den Embryos aus dem Mutterleib kennen, woran sich später der Erwachsene erinnert, wenn er wahre Geborgenheit sucht.

Auf jeden Fall verbindet sich das *Muschebubu* mit schummrigem Licht, etwas Gemütlichem, mit Intimität *(Schmusebubu)*, dem Halbdunkel. Da scheint etwas im Verborgenen. Schnell kommt dabei die Vermutung auf, dass in der Dämmerung gemauschelt, also bewusst unverständlich gesprochen wird, um geheime Verabredungen zu treffen. Plötzlich bekommt die Gemütlichkeit mit dem Klangbild des Mauschelns oder der Mauschelei einen negativen Anstrich. Es klingt nach *mauschel*, was im wahren Wortsinn aber ganz wertneutral »jiddich reden« oder »reden wie ein Jude« bedeutet. *Mausche* ist abgeleitet von der jiddischen Form des biblischen Namens Mose, die als Übername der Handelsjuden gebraucht wurde (auch *Mauschel*), seit dem 17. Jahrhundert bezeugt.

Im sächsischen Wortschatz befinden sich noch andere Vokabeln aus dem Jiddischen, nicht zuletzt deshalb, weil viele Juden zum Beispiel in der Handelsstadt Leipzig lebten. Vokabeln wie *Mischbooge*, *Schlamassel*, *meschugge*, *iedssch* oder *sabbern* übernahmen die Sachsen in ihren Sprachgebrauch. Doch immer verbindet sich damit etwas Abwertendes, was nie im Ursprung der Wörter lag.

Die Nazis behaupteten sogar, Sächsisch sei Jiddisch, und verboten deshalb den Dialekt als einzigen in Deutschland. Die Leipziger Mundartdichterin Lene Voigt verlor daraufhin den Verstand, weil sie solch einen Unsinn nicht verstehen konnte. Erstmals eingeliefert in die Nervenklinik Schleswig im Juli 1936, erhielt die Schriftstellerin kurz zuvor über ihre literarische Arbeit einen Befund, der sie am Boden zerstörte: »Ein Überblick über das gesamte Werk führt zu dem trostlosen Ergebnis, daß der immerhin beträchtliche Umfang in keinem Verhältnis zum Gehalt steht. Es hapert in der Form, in der Sprache, im Humor.« Der Radebeuler Lehrer Erich Rawolle verfasste dieses Gutachten, veröffentlicht 1936 in der Monatszeitschrift »Politische Erziehung« des Nationalsozialistischen Lehrerbundes Sachsen.

In eben jener Schrift stellt Rawolle die Theorie auf, dass das von Lene Voigt geschriebene Leipziger Sächsisch Jiddisch und damit schon anatomisch unaussprechlich sei.

Sie verhöhne mit ihrer Sprache die deutschen Dichter, das Deutsche an sich und ziehe zudem die Sprache ins Komische. Folgendes Beispiel aus einem Voigt-Gedicht fügt er als angeblichen Beweis an: »›Dr. Schuster gonnte ooch sich frein.‹ In welcher Sprache ist diese Wortstellung möglich? In keinem Zweige des großen germanischen Sprachkreises, sondern einzig und allein im Jiddischen.« Sein zweites Beispiel: »›Daß grade ich wär ibergang.‹ Auch das ist jiddisch. Auf Deutsch würde es heißen: daß gerade ich übergangen werde.« Der Nazilehrer gibt Lene Voigt zu verstehen, dass sie gegen die »Gesetze der deutschen Sprache« und das »schriftsprachliche Reimwerk« verstoße und sich mit ihren »jiddischen Machwerken« strafbar mache.

Im Juni 1936 stand auf der Titelseite der Neuen Leipziger Zeitung: »Sachsen, sprecht Deutsch! Schafft unserem Lande Achtung.« Sächsisch wurde diskreditiert, was bis heute nachwirkt. Das Reichspropagandaministerium verbot die Neuauflage der Lene-Voigt-Bücher. Martin Mutschmann, ab 1933 sächsischer Reichsstatthalter und ab 1935 Ministerpräsident, der selbst Dialekt sprach, setzte das Verbot als erster mit aller Konsequenz durch.

Lene Voigt verließ die Anstalt, ging nach Bayern und schickte als Antwort einen Vierzeiler an die Sächsische Staatskanzlei, sie schrieb: »In München wimmelts jetzt von Sachsen / un alle sächseln quietschvergniecht. / Im Hofbreihaus bei Bier un Haxen hat Braxis Deorie besicht.« Und weiter: »Ne Mundart lässt sich nich verbieten, weil blutsgebunden bis ins Mark, dr Volksmund selwer weeß zu hieten sei Vätererbe drei un stark. Ich mußte neie Mundartlieder Landsleiten uff e Zettel schreim, denn meine Schwestern, meine Brieder wolln fest mit mir verbunden bleim.«

Muschebubu war, ist und bleibt etwas Angenehmes. Es ist, kurz definiert, die feine sächsische Art der situationsbedingten Verdunklung. **Peter Ufer**

Das *M* macht aus langsam arbeiten *mährn* oder aus Bonbons *Mooler* – mmmmm, aber bleibt sonst ein *M* wie bei *Mäfdl und mäschugge*.

mährn etwas Sinnloses machen, trödeln
Mäbbl, Mäfdl Kleinwagen
mächdsch mächtig
Mache in der Wendung *in dor Mache ham:* sich mit etwas beschäftigen
mache hin beeile dich
machn erledigen, tun; leben; reisen; zubereiten
Maggr Freund; leicht überheblicher Mann
mäddln Flocken bilden (z.B. in der Milch)
madig machn schlecht machen
Mädl Mädchen
Maddscheibe Mattscheibe (für Fernseher)
Madsch Schlamm
Madschguggl, Madschooche blaues Auge
Madsbläge einfältiger, schwächlicher Mensch
Mädsschn Spielerei
Magriene-bemme Magarinebrot
Mah Mal
Mährde Umstände; Mist, Scheiße
Mährgs Gehirn
mahsrn kramen
mähn maschinell abschneiden
malade krank
malschrn liebkosen, gerne haben, innig streicheln
malsch saftig, üppig
Mamf breiiges Essen
mamfn gierig essen
Mämme kraftloser Mensch
mang schwach, blass
Mannsen Männer

Manscheemer Abfalleimer, Wassereimer
manschn mit Wasser oder Schlamm spielen
mäschugge verwirrt
Massl Glück
masdn fressen
Mäsde dicke Frau
mau schlecht, übel
Mauge in der Wendung *geene Mauge ham*: keine Lust, Kraft haben
Maugl Krümel
Mäurer Maurer
mauschln unsaubere Geschäfte machen
mausen stehlen
Mebbe Heulsuse
meggern schimpfen
mei mein
meinswähchn meinetwegen
Meierbambe angemischter Brei aus Dreck und Wasser
Meise Mäuse, Geld
melborn schimpfen
Memme Feigling
Merde Scheiße
mehrschd unbestimmte Zahl
mehrschdndeels meistens
mei meine
melbern aufwirbeln
Mengenge Durcheinander, Gemisch, Verwirrung
meeschand boshaft, frech
Miedchn Gemüt
Middach Mittag
Middornachds-wahse Nachttopf
miggrich sehr klein
miemln ausbessern
miesebehdrich unzufrieden
Miez Katze
Migge Mücke
Minna Dienstmädchen, in der Wendung *zur Minna machn*: tadeln, etwas verderben
Mischbooge Familie, Sippe
mohbn schimpfen, brüllen
mobbsn klauen
Moch Moos
Modsche-giebschn Marienkäfer
moggiern sich beschweren
Modder dreckige Pfütze, Moder, Schlamm
Mohdsche Kuh
mohgln betrügen
moniern Einspruch erheben
Moobabbsch körperlich und geistig träger Mensch
Mooler Bonbon
mor wir
Mohrschl Morchel (Pilz)
Mohrschn / mohrschn Guten Morgen / morgen
mohschn krümeln; unachtsam sein verschwenden
Mosdrich Senf
Muggefugg Malzkaffee
muggrn stocken; schmerzen
Muddi, Muddiä Mutter
muddln langsam arbeiten, sich beschäftigen
Muddelchn leichte Arbeit ohne Ziel
Mudsl kleine Staubflocke, Stoff- oder Wollfussel
Müffchen wollene, gestrickte Pulswärmer
Muffe in der Wendung *da gehd eem dä Muffe*: Angst haben
Muffl maulfauler Mensch
muffln unfreundlich sein; kauen
müffln unangenehm riechen
muffsch stickig
Muggl Hase
mugsch maulfaul
Muhdsloder Fussel
Mulborsch Maulwurf
mulmig ängstlich
mulmn qualmen
mumbeln langsam essen
Mumm Kraft, Willenskraft
Mummbidds Quatsch
Mummum böser Geist, fiktive Gestalt
murgln betasten, derb mit den Händen drücken
Murgs schlecht gemachte Arbeit
murgsn schludrig arbeiten
murren sich beschweren, Unmut ausdrücken
Muschebubu speziell sächsische Art der heimischen Verdunklung, Kerzenlicht
Musschbridse Regenschirm

Nausguggfensdr und Anziehsachn

Alles doppelt gemoppelt

Um sich Gehör zu verschaffen, bietet Sächsisch das sprachliche Phänomen der Bedeutungsvervielfachung. Deshalb spricht das Sachsenvolk **manchmal ab und zu** doppelt gemoppelt. Einfach klingt zu einfach, mehrfach klingt bedeutungsvoll.

Dabei handelt es sich **nie und nimmer** um billige Pleonasmen wie einen **alten Greis** oder **runden Kreis**, eine **tote Leiche**, **Haarfrisuren** oder **zusammenaddierte Zukunftsprognosen**. Es geht **ganz und gar** nicht um einen übermäßigen Sinnüberfluss, so **schlicht und einfach** macht es sich der Sachse nicht. Nein, bei der Verdopplung handelt es sich um eine bewusste Aussagekonzentration, um die Verdopplung zum Zwecke der rhetorischen Verstärkung. Wörter und Wortgruppen bekommen so Durchsetzungsvermögen. Die Tautologien erklären **schließlich und endlich** sehr anschaulich die Funktionsweise eines benannten Gegenstandes.

Beispiele: Eine wuschelige Decke auf dem Sofa heißt in einigen sächsischen Sprachräumen *Zudegge*. Der Saxismus liefert die Bedienungsanleitung in einem Begriff anwendungsbereit mit. Mit dieser Stilmethode kann ein Bogen erklärungsstark zum *Umboochn* gebogen werden, und es darf jemand nicht nur trampeln, sondern *rumdrambln*. Geschirr wird nicht einfach gewaschen, sondern *abgewaschen*. Deshalb heißen ungereinigte Teller, Tassen und Töpfe in der Spüle auch *Abwasch*. Was übrigens in einem Abwasch, *in eem Abwasch*, erledigt wird, ist schnell und unkompliziert geschafft.

Mehr Beispiele: Ein Floh wächst sprachlich zum *Hubbefloh* und springt **bereitfertig** hin und her. Kleidung besitzt als Pluralwort große Anziehungskraft, wenn die Textilien **klar und deutlich** als das bezeichnet werden, was sie tatsächlich sind: *Anziehsachn*. Damit können Menschen ihre Körper verschönern, sich hübsch machen, was besonders großartig aussieht, wenn sich einer oder eine *aufhübschd*. Das Gegenteil davon lautet *anscheusln*, unvorteilhaft kleiden. Geschieht das *Anscheusln* zu Fasching, gilt es allerdings als vergnügliches Verhässlichen.

Noch was: Langschläfer werden nicht geweckt, sondern *aufgeweggd*. Um beispielsweise an den Saft von Zitronen

zu kommen, gehören die nicht nur geknietscht, sondern *ausgegniedschd*, genauso wie Dinge *zusammgegniedschd* werden können. Wenn etwas schmeckt, dann wird es zur *Gudschmegge*. Der Daumen bekommt die Bezeichnung *Daumenfinder* und die Zehe *Fußzehe*. So sind anatomische Verwechslungen absolut ausgeschlossen. Das gilt beim Arzt wie beim Hausbau. Ein Fenster ist nicht nur ein Fenster, sondern steigert sich zum *Nausguggfensdr*. Gelegentlich sind in sächsischen Städten Menschen zu bewundern, die im Rahmen ihrer offenen Fensterflügel die Ellenbogen auf Kissen stützen, um zum Betrachten und Bewerten der Umgebung den Oberkörper in einer Beobachtungshaltung zu halten. Die unterhalten sich dann über die anderen und meinen, die sollen nicht immer *offmuggn*.

Übrigens: Personen, deren Großmütter oder Großväter Geschwister sind, heißen Cousins und Cousinen zweiten Grades, aber machen sich in Sachsen als *Andergeschwisdrgindr* einen Namen. Ein Tablett dient in der Lausitz als *Hiedrabradl*, als Hintragebrett zum Transportieren von Speisen und Getränken, und mit einem *Rahziehglas*, einem Fernglas, schaut sich die Ferne näher an. Nicht zuletzt mag vor allem der Sachse am Abend einen *Dobbeldn*, also einen Schnapsschnaps. Dann redet es sich auch gleich sofort viel, viel flüssiger.

Letztens: Um richtig Aufmerksamkeit zu erregen, heißt es nicht simpel «hör zu«, sondern achtungserheischend: *Nuh horche ma droff!* Und wenn keiner aufpasst, dann erwirkt der Sprechende Aufmerksamkeit mit den Worten: *Nuh basse ma off!* Doppelt hält einfach besser und vor allem das, was es verspricht. Das Sachsenvolk ist also nicht einfach, sondern spricht gern mit doppelter Bedeutung, aber auch doppeltem Boden. Wenn zum Beispiel jemand in Deutschland etwas vermehrt, dann wird es mehr. Wenn jedoch in Sachsen einer etwas *vermehrt*, dann wird es weniger, dann ist es weg. **Peter Ufer**

Das *N* *nuschld* (spricht) der Sachse ständig und es bleibt am Anfang, was es ist, ein *N*. Zwischendrin spricht der Sachse auch gern mal ein *N*, auch wenn es da gar nicht hingehört, Beispiele: *lilane Bluse* oder *rosanes Hemd*.

na	siehste!, Was ist?
Näbbl	Napf
Nabbsülze	komische Person, dummer Mensch
nacherds	nachher, später
Naggedei	nacktes Kind; Laus
nadschn	weinen, sehr traurig sein
nadschln	naschen
nägeln	Fingerkuppen schmerzen
nana	Warnung
nanu	Ausdruck der Überraschung
närrsch	verrückt, komischer, seltsam
nauf, noff	hinauf
naus	raus, hinaus
Nausguggfensdr	Fenster
nausnibbn	herauslutschen
nee	nein
needsch	nötig
Neesche	Rest einer Flüssigkeit
Neesel	Halblitermaß
Neimund	Neumond
Neinerlaa	neun Speisen am Heiligen Abend
neumohdsch	modern
neune	neun
ni, nich	nicht
nibbln	ein wenig trinken
nibbn	schlummern; ein Getränk kosten
niffeln	reiben, wetzen
niebr	hinüber
niesch	schief, schräg, quer
Niggi	T-Shirt
ningln	ständig leise weinen, klagen
Nischl	Kopf
Nischlbrumm	Kopfschmerzen
nischemamär	nicht einmal mehr
noar	nicht wahr?
nochäma	noch einmal
nöhln	schimpfen, nörgeln
nörgln	weinerlich betteln, an allem etwas aussetzen
nu	ja/jetzt
Nubbr	Nachbar
nuddln	immer wieder dasselbe spielen oder singen, leiern
Nuggl	Schnuller
nuggln	aus der Flasche trinken (Baby)
Nugglbinne	kleines Boot
nuh	nun
Nuhdl	Teigware; eigenartiger Mensch
Nuhdsch	Schnuller
nuhdschn	lutschen, saugen
Nülle	männliches Glied
num	in der Wendung *rum wie num*: hin wie her
nuni	nun nicht
nu glahr	freilich
Nusche	stumpfes Messer
nüschln	Bettdecke wegziehen (statt zu schlafen)
nussn	prügeln
Nusdeln	Tragestange (meist für den Jauchenzuber)
nuschln	undeutlich reden
nuwor	nicht wahr

Ohne Oggsn gehd nischd

Sächsische Arbeitsweise

Es *oggsn* Leute in Sachsen wie die Ochsen. Sie *aggrn*, *buggln*, *rammln*. Gemeint ist stets hartes Arbeiten. Rein sprachlich stellt sich schnell ein Bezug zur Landwirtschaft her, wo schon immer bis zum Knochenbruch geschuftet wurde.

Das *Oggsn* nimmt tierische Züge an, es kommt von dem kastrierten Rind, dem treuen Zug- und Arbeitstier. Studierende benutzen/wählen das Wort übrigens gern, um ihren Lernfleiß zu beschreiben, alternativ *büffln* sie. Wer *aggord*, der bestellt den Acker. *Buggln* beschreibt, wie sich jemand krumm macht. Beim *Rammln* kommt es oft zu Missverständnissen. Denn wenn Sächselnde sagen,

sie haben den ganzen Tag nur *gerammld*, dann meinen sie nicht, dass sie sich wie Karnickel gepaart haben, sondern es heißt auf Sächsisch arbeiten, arbeiten und nochmals arbeiten. Mit Nichtstun hat der Sachse keine Erfahrung, denn Nichtstun hat den Nachteil, dass man nie weiß, wann man fertig ist. Der Sachse folgt dem segensreichen Motto: *Ora et labora*, auf Sächsisch: *Bede un ar...* – immer im Kreis herum – *...bede. Bede un arbede*.

Typisch sächsisch ist auch das *Raboddn*. Das Verb bezieht sich zum einen auf das Substantiv *Roboter*, was Spätmittelhochdeutsch *Robatter* hieß und Fronarbeiter bedeutete. Ein Arbeitstier also. Der Ursprung des Wortes *Roboter* liegt zum anderen im tschechischen Wort *robota*, *Robot*, das mit Frondienst oder Zwangsarbeit übersetzt werden kann. Und da sind wir bei der russischen Vokabel *rabotajet*, was zu Deutsch »(er/sie/es) arbeitet« heißt und einst in der DDR ein sehr gebräuchlicher Begriff war. Wer *rabodded*, der schuftet zur Planübererfüllung.

Sächsisch ist voll von Synonymen für emsige Menschen. Die *würschn* oder *wärschn* in dem Land mit den meisten Handwerkern pro Kopf in Deutschland. *Würschn* besitzt mehrere sprachliche Ursprünge. *Wurgen* oder *würgen* meint, in Atemnot sein oder jemanden die Luft nehmen, also erdrosseln. Dass jemand, der schwer arbeitet, in Keuchen kommt, ist absolut vorstellbar. Vorstellbar ist ebenso der Bezug zum *Wirken*, oder *Wurgen*, also dem *Weben*. Webereien gab es einst reichlich in Sachsen. Ach ja, *würschn* bedeutet zudem, etwas schwer herunterschlucken, *nundrwürschn*. Aber auch da beweisen Sachsen ihre Haltung, denn sie wollen nicht alles schlucken, was ihnen vorgesetzt wird. Die Merkel-Formel *Wir schaffen das* sächselten sie ein in *Mir baggn das*. Und da waren sie schon wieder beim Handwerk, dem backenden Bäcker.

Das Völkchen *malochd*, was das Zeug hält. Der Ursprung des Wortes geht auf das jiddische Wort *melocho* für *Arbeit* zurück. Das wird auch anderswo gesprochen, aber im Sächsischen klingt es besonders gut. Ganz herrlich lässt sich auch *scharwergn* sprechen. Hierbei handelt es sich um handwerkliche Gelegenheitsarbeit, oft nebenbei nach Feierabend und meistens gegen die Auszahlung von Bargeld auf die Hand. Früher beschrieb das Scharwerk harte Fronarbeit.

Als der US-amerikanische Präsident Obama im Juni 2009 Dresden besuchte, erinnerten sich die Elbtalbewohner seines Slogans *Yes we can!* und verkauften T-Shirts mit dem Aufdruck *Nu, mir gönn!* Da steckte doppelte Bedeutung in einer Wortgruppe, denn die Sachsen können etwas und sie gönnen sich was – und auch anderen! **Peter Ufer**

Das *O* okkupiert in der Mitte oder am Ende eines Wortes oft das *U*, bestens zu hören im Stadion von *Dynamou* oder zu Hause beim Ruf nach *Mouniga* oder *Ilouna*. Am Wortanfang aber steht das *O* wie ein Brückenpfeiler und hält die Last der folgenden Buchstaben.

Obachd	Beachtung, Bewachung, Aufmerksamkeit
Oberboden	Raum unter dem Dach eines Wohnhauses (z. B. Trockenraum)
Obrschdübchn	Gehirn
Ochsntsiemr	Stock mit Lederriemen
odersch, oderisch	grillig, missmutig
Ofendobb	Ofentopf (Wasserbehälter im Küchenherd)
off	auf
offburschdln	sich aufregen
offdriesln	auftrennen
offgeburschdld	aufgeregt
offgegnöbbld	aufgeknöpft
offgemeebld	aufgemöbelt
offmeebln	etwas wieder neu machen, restaurieren
Offdreubrädl	Auftragbrett
offwaschn	aufwaschen
ogg	doch, nur, bloß, nun
Oggse	Schimpfwort
oggsn	schwer arbeiten
oggssch	stur wie ein Ochse
Ohwärschl	kleines, nicht lebensfähiges Lebewesen
Omme	Kopf
ooch	auch
Ooche	Auge
Orschel	Orgel
orschln	verschwenden

Pferde oder Ferde

Wie aus pf das f wird

Das Schöne am Sächsischen ist nicht nur der Klang und die entspannende Dehnbarkeit unserer Sprache, sondern die praktische Handhabbarkeit.

Zum Beispiel der Umgang mit den Konsonanten. Wir benötigen nur 13 statt der sonst üblichen 21. Dabei sind die stimmhaften mehr gefragt als die stimmlosen. Um Missverständnisse auszuschließen, operieren wir mit harten oder weichen Konsonanten: Also gibt es nur ein B, D, G für sechs Buchstaben. Auf C, Q und Z können wir verzichten. Und X entfällt. Dafür arbeitet das F auch für das V.

Natürlich kann es auch mal zu Komplikationen kommen, wie Hans Reimann berichtet: Beim Billardturnier in Paris sucht ein Sachse sein Queue: *Schee mong roa!* Also auf französisch: *J'ai mon roi.* Und auf sächsisch: *Ich hahwe mein Geenich.* Schließlich auf Deutsch: *Ich habe mein Queue nicht!* – Aua! Das tut weh.

Es gibt im Sächsischen auch eine Konsonantenverschiebung. So wandelt sich das B zum W: Die Farbe wird zur Far*we*, die Silbe zur Sil*we* und unsre Elbe fließt als El*we* durch Sachsen. Im Plural kombinieren wir die konsonantische Verschiebung noch mit einer Einsparung: Farben sind jetzt Far*m*, Silben sind Sil*m* und alle El*m* fließen nach Hamburg – das ist natürlich Quatsch. Oder wie der Sachse sagt: »Der Quatsch wird immer quätscher, bis er quietscht.«

Auch bei den Artikeln herrscht äußerste Sparsamkeit: *ne* Frau, *ä* Mann, *ä* Kind; *de* Frau, *dr* Mann, *s* Kind.

Selbstverständlich weiß kein Mensch in Sachsen mehr, wie das Pferd zum *Ferd* wurde. Auch an die Verwandlung der Pfirsiche zu *Färsschen* erinnert sich niemand. Nur wie der Pflug zum *Fluhch* wurde, daran erinnern sich die Ältesten der Alten. (Waren auch Frauen darunter? Na klar! Die Altistinnen.) Ein Bauer blieb beim Pflügen an einem großen Stein hängen. Und da hat er geflucht. Über seinen Pflug, also seinen *Fluhch*.

Falls die Sächsin morgens in den Spiegel guckt – und das tut sie ganz sicher –, wird sie bemerken, dass die sächsische Sprache ganz von alleine herausströmt, sobald sie den Unterkiefer vorschiebt. Das sieht nicht besonders elegant aus, ist aber praktisch. Und dann macht sie eine Entdeckung: Wenn sie *Pferd* sagt, pressen sich die Lippen zusammen, werden schmal und zwischen den Augenbrauen bilden sich senkrechte Falten. Das Gesicht nimmt einen angestrengt-ernsten Ausdruck an. Eigentlich logisch, denn Hochdeutsch ist ja eine Fremdsprache. Wiederholt sie das Wort in ihrer Muttersprache, sagt also *Ferd*, zieht sich der Mund zu einem Lächeln auseinander. Und so zieht das sächsische Tier in der Sächsin Wortschatz ein. Manchmal ist ein linguistisches Problem ganz einfach zu lösen.

Vielleicht zum Schluss noch etwas aus der Bibel. Da steht ja irgendwo: »Und der Herr sprach: ›Seid fruchtbar und vermehrt euch!‹« Das ist für die Sächsin eine merkwürdige Botschaft. Denn das Wort »vermehren« oder *formährn* bedeutet: etwas verlegen oder verwechseln. In der Tat eine etwas eigenartige Aufforderung des Herrn.

Was lernt uns das? (Vorsicht! Grammatik angekippt!)

Gehe nich zu dein Ferschd, wennde nich gerufen wärschd.

Gunter Böhnke

P

Das babbsche *B* ersetzt nicht immer das harte *P*. Je nach Region nutzt der Sachse das *P* oder eben nicht. Deshalb sind die *P*-Angaben mit Vorsicht zu genießen. Das *Pf* wird im Anlaut übrigens gelegentlich als *F* gesprochen, also *Flaume* statt *Pflaume*, *Ferd* statt *Pferd*, *Feife* statt *Pfeife*. Im Auslaut hingegen wird das *pf* manchmal zu *bb*, also *Kobb* statt *Kopf*, *Nabb* statt *Napf*, *Dobb* statt *Topf* oder *Zobb* statt *Zopf*. Versucht der Sachse allerdings, sich besonders fein zu artikulieren, kann er sich *verquadschn* und er erzählt von einem *Ferd*, das *pfaul* war. Im Mittellaut mutiert das *pf* oft zu *bb*, die *Tropfen* werden zu *Drobbn*, der *Apfel* wird zum *Abbl* (siehe auch B und F).

Pachulge kräftiger Kerl, Lümmel
Padde Kröte
Palaver Gerede, Geschwätz
Palmmiedsl Weidenkätzchen
Pampl einer, der ständig unangenehme Arbeiten machen muss
Pamps Kartoffelpuffer
pampsch unverschämt
panschn mit den Händen im Wasser spielen; Getränke verdünnen
Pansder Dreckschicht
Päbl verhätscheltes Kind
Päonie Pfingstrose
päbbln pflegen, verwöhnen
Paprosch Farnkraut
Parasol Sonnen-, auch Regenschirm
parduh durchaus, unbedingt
Pädse Tasche; Hündin; Dirne; Verräter
padsig abweisend, mürrisch
Pauline dickbauchige Kaffeekanne
peesn rennen
peggn mit der Hacke jäten
Pelle dünne Schale
peldsn kräftig zuschlagen; prügeln; rennen; pfropfen
Perl großer, schwerer Vorschlaghammer
Pfaar Pferd
Pfogge großes Stück, Klumpen; große Stücke im Essen
Pfuggn großer Bissen
Pfusch schlechte Arbeit
pfuschn oberflächlich, schnell arbeiten, nebenbei arbeiten
pidsln stümperhaft schneiden
Piebsl kleines Etwas
Piepmads Vogel
pimbln wehleidig sein
Pinke Geld
pibsch komisch, seltsam
Pläbs Prekariat
plaudsn schlagen, knallen
Pleddlogge Bügeleisen
Plumpe Wasserpumpe
Plunder wertloses Zeug
Pobladsche hölzernes Gerüst, Gestell
Polizeier Polizist
polksn schwer körperlich arbeiten
Pohpanz fiktive Gestalt
pohplich armselig
Pohsemuggl abgelegene Stadt, es gibt sogar *Hindrpohsemuggl*
Posse unverheirateter junger Mann
prangeln quälen
Prassl wertloses Zeug
proper sauber, ordentlich
Pumpelrosen Pfingstrosen
pumplich zu weite Kleidung tragend, unbeholfen, schwach
Pyramide Drehturm

Quergobb oder Gwallifigadsschon

Wer kommt in die Quere?

Eigentlich brauchen wir im Sächsischen das Q gar nicht. Wenn Orthografie konsequent wäre, könnten wir das Q generell durch K und G ersetzen. Also durch das G: *Gwarg*, *Gwelle* und *Gwallifigadsschon*. Hinzu kommen das *Gwaagn* der Frösche und die *Gwerehln* um die Sommerzeit.

Hier gibt es wieder mal eine Verbindung zum Französischen: Es geht *forquer* heißt bei unseren Nachbarn *il ne marche pas*, während es im Englischen *it does not work* bedeutet. In Spanien sagt man *no funciona*.

Natürlich sind die Wörter in den einzelnen Sprachen nicht deckungsgleich. *Es funktioniert nicht* bedeutet wie in Frankreich, dass nichts mehr geht. Während wir Sachsen und Sächsinnen einräumen, dass es zwar noch geht, aber weder vorwärts noch zurück, sondern quer (zur Laufrichtung). Die Engländer bedauern, dass es nicht arbeitet, also es geht eigentlich auch nichts mehr. Und nur die Spanier sagen, wie es ist: Es funktioniert eben nicht. Und das haben die Unsachsen gleich festgestellt. Also fassen wir zusammen: Von allen hier erwähnten Sprachen sagt nur die sächsische, warum es nicht funktioniert: Irgendetwas liegt oder steht im Wege, sodass die Bewegung abgelenkt wird, und zwar um bis zu 45 Grad.

Übrigens muss man sich ganz schön quälen, um voranzukommen, wenn etwas *forquer* geht. Da handelt es sich

QUERGOBB

um eine veritable Quälerei. Also um eine *Quahl*. Nicht aber um mehrere *Quähle*. Das wären ja dann auch *Quahlen*. Aber die *Quähle* gibt es wirklich. Das ist nämlich ein schmales Leinenhandtuch. Im Vogtland, im Erzgebirge und in der Ostlausitz, wo das Wort beheimatet war, ist es am Aussterben. Das heißt – die *Quähle* quält sich voller Qual. Man beachte die Alliteration!

Dabei ist interessant, dass dies schmale Handtuch verwandt ist mit dem englischen Handtuch, dem *towel*. Beide lassen sich zurückverfolgen zu dem germanischen Verb *dwahan* (waschen). Daraus wurde im Althochdeutschen *dwahila* für ein Leinentuch zum Abtrocknen und im Mittelhochdeutschen *twehel(e)*. Später hat sich der Anlaut *dw/tw* zu *zw* entwickelt. Im Mitteldeutschen finden wir dafür ein *qu*.

Heute könnte man denken, der Querkopf hätte zu den Querdenkern geführt. Das ist ein Irrtum. Die Quertreiberin war es. Den Querdenkern und Querdenkerinnen steht der Dummkopf näher als die Querköpfin. Die Bewegung scheute sich verständlicherweise, sich *Dummdenken* zu nennen. Während der Querkopf nur die ausgefahrenen Bahnen meidet, negiert die Dummköpfin zielgerichtet demokratische Institutionen. Sie fühlt sich zu Reichsbürgerinnen und QAnan-Ideologen hingezogen. Nicht umsonst ist *Querdenken* eng verwandt mit den Wörtern quengeln (jemandem mit dauernden Bitten auf die Nerven fallen) und quergeln (fortgesetzt hin- und hergehen und jemanden behindern). Und eines ist doch *glaar wie Gloosbriehe*: Der Querkopf existiert ohne die Querdenkerin, aber der Querdenker braucht eine Querköpfin.

Aus dem Harry-Potter-Universum ist eine Sportart auf uns herabgekommen: *Quidditch* oder *Quadball*. Es handelt sich dabei um eine gemischtgeschlechtliche Vollkontaktsportart. Sie ist vor allem in den USA und Kanada zu Hause. Der Unterschied zu dem Spiel im Film besteht darin, dass die SpielerInnen nicht auf ihrem Besen reiten und durch die Luft fliegen müssen.

Falls Sie es noch nicht wussten: *Nachts ist es kälter als draußen.* **Gunter Böhnke**

Q

Viele Wörter mit *Q* werden im Sächsischen als *Ku* oder *Guh*, *Gw* oder *Gv* gesprochen, deshalb muss ebenso dort nachgeschlagen werden.

Ein Quarkfrosch ist zum Beispiel meistens ein *Gwargfrosch* (siehe auch *K* und *G*).

quabbrn	kochen
Quwandn	Füße, Schuhe
Quadrad-laadschn	große plumpe Schuhe
Quähle, Quehle	Handtuch
Quägr	Bauer
quagern, quaddrn	quatschen, reden
Quärschel	Käse aus Quark
quarschln	kindlich drängeln
Quendel	wilder Thymian
quengln	quälend bitten, nervend betteln
quer	in der Wendung *es gehd forquer:* es funktioniert nicht
Quere	in der Wendung *in dä Quere gomm:* stören, hinderlich sein
quergln	sich unruhig verhalten
Quedsche	kleine wild wachsende Pflaume
Quien	minderwertiger Hund, Köter
Quinde	Lüge, Schwindelei
Quodlibed	Durcheinander
Quunsch	Kümmerling, Grünfink

Rabusche ist weg

Wie alles verschwinden kann oder plötzlich mehr wird

Wenn was in de Rabusche gommd, da gannsdes forgässn. Da isses weg. Und das Aufregendste dabei ist, dass niemand weiß, was die *Rabusche* ist. Offensichtlich liegt da so viel Krempel rum, dass in diesem Chaos alles verschwindet. Eben in der *Rabusche*.

»Das Wort ist fremder, aber ungeklärter Herkunft«, sagt Gunter Bergmann. Und der hat immerhin nach fünfzig Jahren Arbeit das *Wörterbuch der obersächsischen Mundarten* mit herausgegeben. In der Sächsischen Akademie der

Wissenschaften zu Leipzig. Ja, die gibt es. Seit 1846. Und kaum waren 150 Jahre um, da erschien das Wörterbuch.

Am nächsten kommt unserer *Rabusche* das *Dohuwabohu*. Also ein Zustand, *wo de nich weesd, wo hindn un forne is*. Aber wenn sich die beiden mal auflösen, hinterlassen sie mehr Einzelteile, als vor ihrer Zusammenballung existierten. Das nennt man den *Miedos der Rabusche*.

Verwandt mit der *Rabusche* sind der *Guddlmuddl*, der *Schlamassel* und die *Mengenge*.

Guddlmuddl und *Mengenge* kann man machen. In den *Schlamassel* kannst du reingeraten. Aber alles ist negativ konnotiert.

Da kann die Sächsin schon mal einen *Flunsch* ziehen, also eine *Fläbbe*. Und auch der Sachse macht ein mürrisches, trotziges oder weinerliches Gesicht. Sie könnte sogar *flenn*, wenn sie einen Flunsch zieht (im Mittelhochdeutschen noch *vlannen*). Im Meißnischen Sprachgebiet sagt man bis heute *heuln*. Daher kommen auch die *Heulsuse* und der *Heulepeter*. Auch *ningln*, *lingln* und *leiern* kann man noch hören, wenn man bei alten Leuten aufmerksam lauscht. Meine Großmutter sagte noch: »Lingel, lingel, leier, sechs Zöppel (geflochtene Semmel) kostn en Dreier ...« Das Leiern ist hier aber nicht mit der hehren Lyra zu verbinden, sondern mit dem Leierkasten.

Dieser galt auch als Synonym für den *Heulmeier*. Der kann wie seine Verwandten, die Suse und der Peter, nichts weiter als *fähnsn*. Das Wort *weinen* war im Volke weniger gebräuchlich. Dafür hörte man die *Grinsebichse* und die *Grinsemeppe* sowie den *Grinsepeter* – na was? Richtig: *Grinsn!* Das Wort ist eine Verstärkung von *greinen*. Ich kenne auch noch das Wort *grienen*. Aber das bezeichnet das genaue Gegenteil:

nämlich ganz breit lächeln. Und mit einer »negativen Konnotation«: Richtig: *Grinsn!* Also was denn nun? Lachen oder Weinen? Im Hochdeutschen verzieht man den Mund zum Lachen oder Weinen. Im Sächsischen nur zum Weinen. Im Italienischen fletscht man sogar die Zähne: *digrignore*.

Das wird man bei Sächsinnen und Sachsen nie erleben. Denn sie gehen eigentlich nie zum Angriff über, bei dem man die Zähne fletschen könnte. Das höchste der Gefühle ist das Zeigen der Zähne. Und dabei handelt es sich immer um die dritten. Wenn ein sächsisches Wesen äußert: »Dem (oder der) hab ich aber die Zähne gezeigt!«, so muss man sich vorstellen, dass das Wesen ein transportables Gebiss aus der Kukident-Schachtel nimmt und es dem (oder der) Gegenüber unter die Nase hält. Einen Schreck erleidet der/die andere dennoch. Denn die ausgeführte Handbewegung gleicht dem Zücken eines Rapiers, auch Stoßdegen genannt.

Ansonsten fletscht die Sächsin eben nicht die Zähne und der Sachse ist nur darauf bedacht, dass alles flutscht im Leben: *Besser gudd geläbd und lieber ä baar Jahre länger.*

Gunter Böhnke

Das *R* rutscht in manchen Worten gern mal die Zunge runter, zum Beispiel, wenn ein Konsonant folgt: Ein Kerl kann so ganz schnell zum *Gal* werden oder ein guter Korn zum *Gon*. Das *R* ist nur noch leicht hörbar, es klingt tiefsitzend und kehlig. Die Endungen *-er* und *-erd* sind manchmal kaum noch hörbar. Die Lausitzer lieben das *R* besonders und rollen es über die Zunge.

Raads, Rahds	Schramme, Kratzer
Rabbads	Gewitter; Krach
Rabbl	Wutanfall
rabblich	nervös
Rabbl habn	verrückt spielen
raboddn	schwer arbeiten
Rabusche	Ansammlung von Kram und Krempel, Chaos; in der Wendung *in dä Rabusche kommen*: weg sein
Rachl	Rinne

Radehagge	Gerät zum Heraushacken von Wurzeln
Raddn	Ratten
Rädl	eine Scheibe Wurst
räduhr	zurück
Radsch	Macke
rahdsn	schnarchen
Rahdscho	Radio
Radschn	radieren
Radschor, Radschefumml	Radiergummi
rafeln	reiben, schaben
raffn	begreifen, zusammentragen
rahdsn	kratzen; schnarchen
Rahds	Kratzer; Schlitz
Rahm	Fettschicht
Rahsche	Aufregung, Wut
Rähschn	Regen
Rähschnwär-morrgriechn	Regen werden wir kriegen; Regenwürmer kriechen
Rahziehglas	Fernglas
ramassierd	stramm; untersetzt
rammeldeessch	aufgeregt, nervös
rammln	wie ein Besessener arbeiten
Ramsch	alter Kram
Rangdewuh	Rendezvous
Randsn	Tasche für Schulbücher; Bauch
rasaun	laut sein, toben
raundsn	maulen, schnarchen, in der Wendung *rumraundzn*: rummaulen
Rechn	Harke (Gartengerät)
redeln	schnüren
rederiern	diskutieren; auf die Toilette gehen
reenemachn	sauber machen
reeneweg	völlig, alles
Reformande	Strafpredigt
Rehse	Mädchen, Frau (abwertend)
Reibach	betrügerisch erworbener Gewinn
Reibe	Reibeisen
reiern	sich übergeben
Renfdl	Stück vom Brotende
Renfdlrieb	markanter Hinterkopf
Rennsemmln	Füße
riebr und niebr	hin und her
Riebl	unerzogenes Kind
Riechor	Turnschuh; Nase
Riechgolbn	Nase
Riewe	Kopf
rilbsn	rülpsen
Risblverbrann-des	Ende des Dochtes
rischdsch	richtig
riwwln, rubbln	kräftig reiben
Rodds	Schnupfen
Roddsbremse	Schnurrbart
roddsfrech	besonders frech
Roddsgage	freches Mädchen
Roddsgochr	Tabakpfeife
Rolle	Wäschemangel
roochn	rauchen
rubbn	rupfen, zerren
Rubborsch	Weihnachtsmann
rubbsch	ungepflegt, heruntergekommen; kurz angebunden; unzugänglich
rubbsn	reißen
ruhdlguggn	gemeinsam öffentlich ein Spiel sehen, z. B. Fußball
rumbiddln	ziellos umhergehen, untätig sein
Rumbuff	Grobian
rumdambern	unproduktiv arbeiten
rumdämmrn	unruhig sein
rumdiechorn	umherrennen
rumfohrwergn	herumfuhrwerken, unruhig sein/gehen
rumfuchdln	wild gestikulieren
Rumgerungse	Lärm
rumhummln	abwarten
rumglambrn	Zeit vertrödeln
rumgurrandsn	geräuschvoll arbeiten, herumwirtschaften
rummährn	trödeln
rumobern	Bewegungsdrang ausleben
Rumbl	Waschmaschine
rumdrambln	stark auftreten
rumquargn	dummes Zeug erzählen
rumruhsn	schnell fahren
rumdändeln	Zeit totschlagen
Rungs	unhöfliche Person, großes Brotstück
rungsen	unachtsam bewegen, herumstoßen
Rungsen	sehr großes Stück Brot
Rubbrich	Knecht Ruprecht
rüscheln	liederlich
ruschln	rodeln

Se wärn endschuldschn

Die Bescheidenheitssyntax

Der Sachse pflegt ganz höflich die Bescheidenheitssyntax. Diese Wortkonstruktion bezeichnet die Lehre vom indirekten Satzbau. Der Sachse fragt zum Beispiel nicht direkt: *Fährt dieser Zug nach Leipzig?* Nein, der Sachse vergewissert sich mit liebevoller Höflichkeit, um seine Unsicherheit zu überdecken: *Se wärn endschuldschn, aber nach Leibdssch fährd dor Zuch wo ni?*

Typisch an der Bescheidenheitssyntax sind zwei Dinge. Erstens: Der Satz beginnt mit einer Entschuldigung. Zweitens: Der Satz beinhaltet auf keinen Fall eine direkte Frage, sondern am Ende eine Verneinung. Zugezogene aus den gebrauchten Bundesländern erzählen sich gern, dass sie als Autofahrer an der DDR-Grenze gefragt wurden: *Se wärn endschuldschn, aber gänsefleisch ma den Gofferraum offmachn? Gänsefleisch* führte dazu, dass viele Grenzüberschreiter nach wie vor denken, das Zonen-Empfangskomitee suchte nach Gänsefleisch, dabei wollte es nur höflich sein und meinte: *Können Sie vielleicht?*

So erinnern sich viele ältere Westdeutsche an die DDR und meinen, alle dort hätten Sächsisch gesprochen. Sächsisch wird in seiner Aussprache von vielen als Ostdeutsch wahrgenommen, weil ihnen die geografische Zuordnung fehlt. Obgleich sich vor dem Mauerbau und nach dem Mauerfall die Dialekte mischten, vermischte sich die Mundart nur wenig. Der Dialekt wurde zum letzten Wahrzeichen der alten Trennung des deutschen Volkes. Sächsisch wird zugleich nie Westniveau erreichen, denn

das existiert als pauschaler Maßstab nicht, schon gar nicht in der Grammatik. Wie zum Beispiel in diesem Fall. Hochdeutsch: *Meines Bruders Tätowierung.* Sächsisch: *Meim Brudr sei Dadu.*

Deutsch heißt Vielfalt und ein verbindliches Hochdeutsch existiert nur in der Schriftsprache. Beim Sprechen sind sich die Deutschen einig, dass es keine Einheitssprache gibt. Wie schön, denn so kann im Verbalwettbewerb Gelassenheit herrschen und die Mundarten dürfen nebeneinander existieren, ohne dass sich Bayern, Schwaben, Berliner oder Sachsen permanent vergleichen müssen, wer nun den peinlicheren Dialekt spricht.

Die Sachsen verteidigen bescheiden ihren Dialekt genauso, wie sie ihn lächerlich machen. Das ist ihre Strategie. Paul Lange, Leipziger Publizist und sozialdemokratischer Politiker, drehte schon in den 1930er-Jahren den Spieß um und sagte: »Wir können es uns wirklich leisten, uns zu persiflieren ... So wagen wir es, sächsische Drolerien zu bringen, ohne zu verübeln, dass man uns auslacht ...« In seiner Doppeldeutigkeit und philosophischen Tiefe hat das Sächsische subversives Potenzial. Deshalb wurde der Dialekt von den Mächtigen nie befördert. Denn sie spürten zwischen den Zeilen ihre Ohnmacht.

Diese Sprachgewalt hat bis heute nichts an Kraft verloren. Im Gegenteil. Die Kraft zur Subversion ist systemübergreifend und verschwand nie. Im Kabarett und im Privaten überlebte der sächsische Dialekt das Dritte Reich und später die DDR. Im Dorf, in der Familie, am Stammtisch redeten die Sachsen, ohne sich die Zunge zu spalten. Dort wurde der Dialekt zur Sprache des Widerstandes. Nur wenn es offiziell wurde, kamen die Sätze devot von hinten durch die Brust: *Se wärn endschuldschn, aber in dä richdsche Richdung gehd das hier wo ni?* **Peter Ufer**

Das *S* sucht sich seinen Weg als S und wird bei *sp* zu *schb*. Der Kasper hört sich dann wie *Kaschbor* an und Sport wie *Schbord*. *St* spricht sich meist *schd*, eine Stelze wird zur *Schdelze*, ein Kasten zum *Gaschdn*. Und auch hier kommt es immer darauf an, in welchem Sprachraum sich der Sachse befindet.

sabbn	bedächtig vorwärtskommen mit Dreck an den Sohlen	**sabbln**	ewig sprechen
		Sabber	Speichel, der aus dem Mund läuft
Säbbl	kleiner Junge	**Sabbn**	Schmutzspuren

sabbrn Speichel aus dem Mund fließen lassen
sadd in der Wendung *ich habs sadd:* genug, es reicht
sachde langsam
salbahdern feierlich und aufgeblasen daherreden
salcher früher
Salobbe wollenes Tuch
Saldsnäbbl Salznapf
Sargnagl Zigarette
Sässlforrdsr Beamter
Saueramfer, Sauerlumb Sauerampfer (Wiesenpflanze)
Sauhaggsch männliches Schwein; unsaubere bzw. unanständige Person
Sauleid Schlachtfest
schaarschn Wagen schieben
schäbbern scheppern, klappern
Schaff Wandbrett
Schagge Jacke
schaggrn merkwürdig laufen
schägrn flirten
Schälchn Gefäß, Schale, Tasse
Schalubbe Bude; baufälliges Gebäude; Fähre
Schammschdrich Liebhaber; Freund; gehorsamer Diener
Scharb abgenutzter Gegenstand
scharrn kratzen
Schärze kleine Schürze
Schässlong Sofa
Schauer offener Schuppen; kleines Feuer; Regenguss
Schawandsn Innereien vom Rind
Schbäggdäggl alter Hut
schbäggsch speckig
Schbegdahchl Spektakel
schbein sich übergeben
schbillrich klein, schwach
Schbirendsschn Unfug
Schbugge Spucke
Schbundus Respekt
Schbülbn dicke Brotscheibe
Schdambe Kartoffelbrei
Schdarhohle Nistkasten für Stare
schdarrlorn rumstochern
Schdeldsn Beine
schdernierd widerspenstig, stur
Schdärdse Deckel
Schdibbe Soße (in die man Brot eintaucht)
schdiebied irre, verrückt
Schdiesl unfreundlicher Mann, unkooperativer, langweiliger Mensch
Schdriedsl Striezel, Weihnachtsstollen
Schdöhsr Habicht, Greifvogel
schdreusln herumspazieren
schdromrn ziellos durch die Gegend laufen
Schdubnhoggr Mensch, der nur drinnen sitzt
Schdrunze dicke jüngere Frau
Schdruhdsl Stummel, Stumpf; kleiner Mensch
Schduhwe Stube
scheechn jemanden ängstigen
Scheegs intimer Freund
Scheelchen Tasse
schehds jedes
schenand genierlich
Scherb, Scherbl, Scherben Bruchstück eines Gefäßes aus Glas oder Porzellan, altes, zerbrechliches Gefäß
scherbln tanzen
schern in der Wendung *sich ni darum schern*: nicht darum kümmern
Scheuche Schlampe
Scheuerhader Wischlappen
Schibbl Küken; Dummerchen
Schiggse unmögliches Weibsbild
Schiebl abgetragener alter Hut
Schiebock Radkarren; Schubkarre; Bischofswerda (Stadt)
schiegln schielen
Schielemebbe schielender Mensch
sieme sieben
Schindluhdr in der Wendung *Schindludr dreibn*: beleidigen, sich lustig machen
Schindmähre alter Gaul
Schiss Angst
schiwegsch schief
Schlahds Schlitz
schlabbern gerinnen, sauer werden; gedankenloses Zeug reden
schlaggrn wackeln; beim Laufen besonders mit den Beinen wackeln

Schlamassl	schwierige, verfahrene Situation
Schlendrian	unordentlicher, unzuverlässiger Mensch
Schleefschdeen	Schleifstein
schlieggrn	gerinnen
Schliff	feuchtes, nicht durchgebackenes Gebäck
Schlohsen	Hagel
Schlohd	Schornstein; rauchender Mensch
Schlübbr	Schlüpfer, Unterhose
schludrich	nachlässig
schluffrn	frieren
schlunzn	erspähen, heimlich gucken
Schludssch	großer jüngerer Mann
schmadrn	schmieren
schmauchn	rauchen
Schmeese, Schmeesfliesche	Schmeißfliege
Schmerchl	Schmirgel
Schmieche	Zollstock
schmidsn	(mit einer Gerte oder Peitsche) knallen
Schnaage	stechendes Insekt; lustige Geschichte
Schnarchgabsl	Bett
schnassln	trinken
schnibbln	schneiden, herumschnippeln
Schniddgerinne	Rinnstein
schniefn	geräuschvoll atmen
schnorbslich	wohlschmeckend, knackig
Schnöhsl	eingebildeter Mann
Schnudndeebs	Großmaul
schnudern	geräuschvoll durch die Nase atmen
Schnudlbudsr	Friseur
Schraubndamfr	Schlittschuhe
Schöbs	männliches Schaf
schorfer Dobag	Erstaunliches
Schrabbnell	komische Alte
schrohdn	kräftig essen; schnell fahren
Schrubbr	Reinigungsgerät
schrulln	Urin lassen
schrumblich	verschrumpelt, ausgetrocknet
Schruhds	Plunder
schubbn	wegstoßen
Schubsagg	mildes Schimpfwort
Schumbe, Schumbl	Schaukel
Schurb	alter Topf, Tasse
schwäbbern	(Flüssigkeit) verschütten
schwafeln	ausgiebig schwatzen
Schwamm, Schwammerl	Pilz
Schwarde	Buch
Schweeßbemm	Füße
Schwibbogn	bogenförmiger Weihnachtsleuchter
Schwiddschee	Schwindler
Schwieschermuddor	Schwiegermutter
schwieeln	sich vergnügen
Schwinderling	Stoß
Schwidsr	Pullover
schwoofn	tanzen
Schwuchdl	unmöglicher Mensch
schwummrig	schwindelig
Schwumse	Schlag
Schwubbe	dünner, stabiler, elastischer Ast
schwuuzn	(Wasser) ausschütten
sebbln	schnell laufen
sechse	sechs
Sechser	kleiner Junge; Hintern
Seechamsel	Ameise
Seechbigse	Mädchen
Seefe	Seife
Seeger	Wanduhr (mit Pendel und Gewichten); Zeiger
Seesche	Urin
seeschn	Urin lassen
sehre	sehr
Semml	Brötchen
Senge	in der Wendung *Senge kriegen*: ein Kind verhauen
Sense	Mähgerät, Schluss
Sibbschafd	Familie
siefern	leicht regnen
sieln	sich wälzen
simbeliern	nachdenken
Simbeldrandsn	Locken eines Ponys
simmer, simmor	sind wir
simbeln	nachdenken
sissde	siehst du
Suff	Trunksucht, Betrunkensein
süffeln	trinken
Sums	Aufhebens, Umstände
Sunnamd	Sonnabend
Suhdse	misslungenes Getränk
Summsi	Fliege

Taschentücher mit Tiger

Die Schwäche des harten Konsonanten T

Das T führt im Sächsischen ein schwaches Dasein. Der Sachse kann, wenn er will, notfalls seine Vokale zu klarer Gestalt zwingen, über die harten Konsonanten k,p,t jedoch hat er keine Macht. Das Sächsische geht den Weg des geringsten Widerstandes. Sächsisch ist nachgiebig. Die Sprache gibt nach. Wie der Klügere. Keiner sonst findet oder erfindet solche Wörter.

Seine mehrschichtige Sprache gab und gibt ihm die Fähigkeit, selbst heilige Kühe auf dünnes Eis zu führen. Die brachen ein, nicht der Sachse. Hier besiegen angeblich

dä Weechn dä Hardn. So wird die harte deutsche Befehlssprache lieblich und angenehm, irgendwie französisch, gemütlich und kuschelig. Aber es zeigt sich, dass sich das Sächsische nicht wirklich regeln lässt, sondern alle Regeln der deutschen Rechtschreibung bricht.

Das gefügige Sächsisch hat allerdings seine Grenzen, denn nicht alle harte Konsonanten werden einfach eingeweicht, das kommt auf die Sprachregion an. Das T jedoch verliert fast immer seine Härte. Es wird permissiv, also genau so *labbrig* gesprochen, wie das Pasta-Alphabet in einer Buchstabensuppe gekocht wird. So entstehen Fehler bei der Wahrnehmung, zufällige Verhörer. Bewusst eingesetzt sind es provozierte Missverständnisse.

Die Treue verwandelt sich in eine Zahl: *dä Dreie*. Aus einem kippeligen Tisch wird *ä Gibbdisch*, was auch als »ägyptisch« übersetzt werden kann. Ein Taxi mutiert zur *Daggse*, Türen zu *Diern*, ein Teich zu *Deech*, was aber auch »Teig« bedeuten kann. Der Sachse bleibt *offn Däbbsch*, die Tusche wird zur *Dusche*, ein Topf zum *Dobb*, was wiederum als *dobb*, also *top*, verstanden werden kann. Dazu ein super Suppenspruch: *In diesm Dobbe schwimmd ä Huhn, das gesdrn dad noch hubbn dun.*

Wenn ein Sachse eine Trompete kaufen möchte, weil er auf ihr spielen will, dann sagt er: *Ich dähde mir nä Dähde goofn, dann dähdsch so lange dähdn, bis dä Dähde ni mehr dähdn dähde.* Ein sächsisches Rätsel: Was ist der Unterschied zwischen den Strehlener Kirche und einer Bockwurst? Die Strehlener Kirche hatten *zwee Därme*. Oder: Der Deutsche sagt *Tante Tina trocknete der traurigen Tanja die tropfenden Tränen.* Wie formuliert der Sachse geschickt, um das T zu vermeiden? *Dä Heulsuse hörd ni off zu fähnsn.*

Der Sachse ist der Einzige, der Tiger in die Hosentaschen stecken kann. Das sind die *Daschndiechor*. Übersetzung: Taschentücher und Tiger in der Tasche. In Sachsen gibt es zusätzlich die schnellsten Tiger, die in eine Tasche passen: Die *Dembodaschndiechor*. Übersetzung: Tempotaschentücher und temporeiche Tiger in der Tasche.

Wer in Sachsen taucht oder etwas nimmt, um es einzutauchen, der *didschd*. *Didschn* ist die Möglichkeit, einen zum Verzehr bestimmten harten Gegenstand mit Hilfe einer Flüssigkeit so aufzuweichen, dass der geringe Druck des Gaumens auf das zu *didschende* Teil genügt, um es vom *ungedidschdn* Teil des zum Verzehr bestimmten harten Teils zu trennen, bis es *labbrisch* feucht trieft, um es dann schlürfend zu *fordilschn*.

Dieser Vorgang hilft dem Sachsenvolk, die harten Zeiten durchzustehen. Mit dem *Didschn* kann jeder alles zerbröseln, was der Mensch runterschlucken soll. So gehen Sächsinnen und Sachsen mit allem in medias res, auf den Grund der Sache, in die Tiefe, ins Tal der Ahnungen, und ergründen selbst die härtesten Probleme. So gelang es den sächsischen Protestanten schon 1989, ein ganzes System zu zersetzen. In Sachsen wird bei jeder passenden und unpassenden Gelegenheit in jede sich bietende Flüssigkeit alles eingetaucht, versenkt, getunkt, gestippt, *eingeweechd*, *neingemehrd*, *nundorgerdriggd*. Merke: Im Grunde gibt es nichts, was nicht *gedidschd* werden kann. Ideale *Didschdeele* sind *Bäbe*, *Bemm*, *Semmeln*, Sandtaler, Eierschecke, Pfefferkuchen, Kekse, Waffeln und Streuselkuchen.

Als besonders *didschfreundlich* erweist sich Kaffee, wobei *dor fischelande* Sachse vorzugsweise seine zweite *Dasse* Kaffee zum *Didschn* nimmt, denn sonst schwimmen ja bereits in der ersten *Dasse*, die er gerne austrinken möchte, die *gedidschn Didsch-Grümel* rum. *Didschn* gehört zur sächsischen Esskultur wie Kartoffelsuppe, *Flägge*, *Bäffschdägg* und *Dode Oma*. Der moderne Mensch reicht sich heute beim Brunch verschiedene Dips, ohne zu ahnen, dass das Wort von der sächsischen *Didsche*, der Soße, kommt. *Didschn* heißt jedoch noch viel mehr. Wer *didschd*, der wirft flache Steine übers Wasser. Man kann es regelrecht hören. Sie hüpfen, springen, tanzen, bis sie versinken. *Didschn* heißt zudem, jemanden einen Dämpfer verpassen, ihn mit der Nase in seine verursachten Probleme drücken, bis er begreift, was er falsch gemacht hat, ihn ducken. Höflich gesagt: ihn ausdrücklich auf etwas hinweisen.

Übrigens: Bis zur Orthographischen Konferenz von 1901 hieß Deutschland ganz hart Teutschland. Vermutlich würde es noch heute so heißen, wenn die Sachsen es nicht *weech geglobbd häddn*. **Peter Ufer**

Das *T* gibt's meistens *ooch ni*. Es kommt zur Verwirrung, zur doppelten Bedeutung, dem provozierten Missverständnis. Aber wenn es darauf ankommt, lässt sich das *T* nicht vermeiden (siehe auch *D*).

talfern stottern, undeutlich sprechen
Talge Brot
tälbsch ungeschickt
Tann Nadelbaum; Wald
Tanndsabbn Zapfen eines Nadelbaumes
Tabse Trittspur
tabbsn hereinfallen
täwwern fortgesetzt reden
Tebe Hund
Tibbmädl Sekretärin
Toffl Essenkehrer; Schornsteinfeger
Töle Hund
Tohuwabohu Durcheinander
Traaf Hieb, Schlag
Trausch schlecht schmeckendes Essen
Trädmiehle Rad; Zustand des Nichtvorankommens
Tranfunzel, Transuse verträumter Mensch
Traugel Kurbel
Trichdr Toilettenbecken
triefn tropfen; fließen; vor sich hinträumen
triwiliern unablässig bitten
tschitschln kleine Schritte machen
Tschuldschung Entschuldigung
Tschek stumpfes Messer
Tuchladschn flache Stoffpantoffeln

Ursche ni so rum

Die Verschwendung der Laute

Urschln merkt jeder im Hals. Wie ein Urlaut kommt es aus dem Bauch. Der Klang weist auf die Bedeutung hin: verschwenderisch mit dem Essen umgehen, sich nur die Leckerbissen heraussuchen und das andere übrig lassen. So sind die Menschen. Aber auch die Tiere können mit dem Futter wüsten. Dann *verurschln* sie alles.

Dabei handelt es sich um ein altes Wort, das althochdeutsche *urezzan*. Das bedeutet so viel wie: aus dem Essen auswählen, etwas herausessen, Essbares wählerisch übrig lassen. *Rumurschn* beschreibt allerdings mit neun Buchstaben eine ganze Gesellschaft, wo alles Mögliche und Unmögliche vergeudet wird. Die Warnung an die Verschwender heißt: *Ursche ni so rum!* Mit diesem schwachen Verb kritisieren die Sachsen sinnloses Wachstum.

Das Wort reiht sich ein in ein Arsenal uriger Entäußerungen. Davon nutzt der Sächselnde sehr viel. Es handelt sich um elementare logopädische Laute, um Wörter, die aus der Empfindung heraus kommen. Man höre und staune: *ä, äscha, Aad, äbsch, ach, asch, au, ba, bäh, baff, babbsch, barbsch, buhbsch, buh, du, dudu, dorr, droff, Draasch, escha, euja, fabsch, fackn, gägsch, gägsch, Gnaadsch, ha, hä, ham, huhu, ibbsch, iwou, juchuhh, labbsch, mm, mm, ma, mamam, morr, nee, nu, nor, ni, nää, o, ogg, oh, ooch, off, i, iwo, radzn, uh, uh, ullgsch, ursd* oder *Zoff*.

Diese Laute kennt der Deutsche eigentlich nur noch von Ureinwohnern, beispielsweise den Himbas in Afrika, den Aborigines in Australien oder den Maori in Neuseeland.

Wenn der Deutsche das hört, dann sagt er, das sei keine Sprache. Er hat recht, es ist Sächsisch. Es handelt sich um Laute einer urigen Gesellschaft, die bei den geringsten Kleinigkeiten in Verzückung gerät. Das ist so eine Art Wotan-Winnetou-Zarathustra-Gefühl. *Hier lässd morr dä Worde, wie se komm, breed weech und lässsch über dä Libbn loofn, bis alles naus is.* Das führt dazu, dass Sächseln zwar Phon, aber keine Phonetik besitzt. Vor allem aber verschwendet die Mundart nichts.

Während der Deutsche zum Beispiel sagt: *Jetzt wird es aber tüchtig gebirgig.* Da sagt der Sachse: *Jädzdewärdsawwrdüschdschhühschlisch.* Der Dialekt spart sich überflüssige Äußerungen. Der Deutsche sagt: *Ich weiß nicht.* Der

Sachse sagt: *Weeßschni*. Der Deutsche sagt: *Haben wir, können wir, glauben wir.* Der Sachse sagt: *Habsch, gannsch, gloobsch.* Deutsch: *Das glaube ich auch.* Sächsisch: *Gloobscho.* Wobei heutzutage die Glaubensfrage vom Sachsen meist anders beantwortet wird: *Ni zu gloobn!*

Außerdem kann durch die ökonomische Mundart ein Wort mehrfach eingesetzt werden, denn es bedeutet vieles. Eine *Fliesche* zum Beispiel ist eine *Fliege*, also die, die ein paar Tage lebt, eine *Fliege*, also die, die man um den Hals trägt, *Pflüge*, also die, die auf dem Feld pflügen, *Flüge*, also die, die von einem Flughafen aus starten, oder *Flüche*, also die, die man ausstoßen kann. Sächsisch sprechen reduziert schon seit Urzeiten den O2-Ausstoß. Aber das muss erstmal einer verstehen. **Peter Ufer**

Das *U* führt am Anfang sächsischer Wörter ein ruhiges Dasein und hält sich an die Duden-Regeln. Im Inneren von Wörtern wandelt es sich allerdings gern zu *uo* oder *o* oder *oh*. Das *Ü* spaltet die *Äggsberdn*, denn die einen meinen, es bleibe, wie es ist, andere sagen, es werde durch i oder ie ersetzt und ein Bürokrat schreibe sich *Bierougrahd* oder der Überzieher als *Ieberdsiehr* (siehe auch *I*).

üblnehmsch	übelnehmen
uffhuggn	etwas auf den Rücken laden
Ulle	schlechte Laune
ullgsch	ulkig, lustig
um	volle Stunde bei der Zeitangabe
Umboochn	Umweg
umgrämmbln	umziehen, von Grund aus verändern
umguggn	überrascht sein
Umschdandsgasdn	eine/-r, die/der Tätigkeiten umständlich ausführt
umschbring	jemanden rücksichtslos behandeln, in der Wendung *mid jemandem umschbring*
Unband	wildes, unbändiges Kind
undäädsch	untätig, faul
Undrziehhose	Unterhose
ungamber	unförmig, plump
ungeneißsch	unersättlich, gierig
ungergiedch, undrgödig	unter der Haut entzündet
ungn	Unheil voraussagen
urschn	verschwenderisch
ursd	toll
uhdsn	veralbern

Vorhins drei viertel

Sächsische Zeitangaben

In Sachsen geraten Menschen aus dem Westen der Republik, aber auch aus Rheinland-Pfalz bis Schleswig-Holstein vermeintlich in eine andere Zeitzone. Sie kommen aus dem deutschen Viertel-vor-Viertel-nach-Gebiet in den Viertel-und-Dreiviertel-Landesteil. Der erstreckt sich über den kompletten Osten sowie weite Teile des Südens.

Wenn sich also in Dresden oder Leipzig Menschen *viertel drei* oder *drei viertel vier* treffen, so kommen sie in Hamburg oder Mainz *Viertel nach zwei* beziehungsweise *Viertel vor vier* zusammen. Die Uhr läuft zwar überall gleich, aber das Zählsystem für die Zeitangabe ist ein anderes. Das *viertel* und *drei viertel* bezieht sich auf Brüche, die mit Blick auf die kommende volle Zahl gebildet werden. Und um richtig Verwirrung in die Zeit zu bringen, werden die Viertel in *Viertel vor* und *Viertel nach* großgeschrieben, aber in *viertel drei* und *drei viertel vier* klein.

Das Viertel-vor-Viertel-nach-Gebiet breitet sich allerdings zum Nachteil des Viertel-und-Dreiviertel-Landesteils immer mehr aus. Das liegt unter anderem am Einfluss des Englischen durch den täglichen Gebrauch von Computersystemen. Das *quarter past* für *Viertel nach* und das *quarter to* für *Viertel vor* sickern ein in den sächsischen Sprachgebrauch wie *not really*, nicht wirklich. *Exactly?* Genau!

In Sachsen schlägt die Uhr pünktlich *um*. Dabei handelt es sich weder um die nächste Wendezeit noch um die nächste Zeitenwende, sondern es ist zum Beispiel *um drei*. Die volle Stunde ist eben um. Anderswo heißt es einfach

drei oder *Punkt drei*. Es kann in Sachsen auch *fünf vor um* oder *fünf nach um* sein und jeder weiß, wie spät es ist. Hoffentlich nicht zu spät. Nicht immer muss die Zeitansage so genau sein, denn es kann ebenso etwas *vorhins* passiert sein. Das ist dann noch gar nicht so lange her.

Wenn dagegen das Wort *vorehr(e)* zu hören ist, dann handelt es sich um eine Konjunktion. Beispiel: *Vorehr dass de nich färdsch bisd, grieschs de ooch gee Geld.* Übersetzt: »Bevor du nicht fertig bist, bekommst du auch kein Geld.« *Vorehr(e)* heißt also: »ehe, bevor«. Wenn es dagegen um später geht, dann kommt das Wort *nocherds* oder auch *nooch* in den Tempus. Das ist dann nachher. Wenn es darum geht, »bis später« zu sagen, passt der Abschiedsgruß: *Bis dänne!* Das ist nicht ganz so ungenau wie »bald«, »gleich« oder »zeitnah«, aber dennoch unbestimmt.

In Sachsen, also hierzulande, ist die kleine Präposition *zu* eine weitere Zeitangabe. Sie dient dazu, Feiertage zu bestimmen. Es heißt *zu* Ostern, *zu* Weihnachten, *zu* Silvester. Und das ist nicht nur ab und *zu* so, sondern *immerzu*. *An* oder gar *auf* Ostern-Weihnachten-Silvester auszusprechen, gilt als wenig feierlich. Sächselnde sagen ja zu *Zuzüchlern*, also Menschen, die ins Land gekommen sind, auch niemals, dass sie *anzüchlich sin*. *Mor kann sich an Osdereiern schdoßn, an ihn reibn oder an sie dengn, aber mor gehd zu dem Fesd oder mor had was zu feiern.*

Zum Beispiel am *Sonnabend*. Das ist der Tag vor dem Sonntag, aber nicht der Samstag. Der wird von älteren Sächsinnen und Sachsen nur mit Widerwillen zur Kenntnis genommen. Denn im mitteldeutschen Raum heißt es seit einer Ewigkeit *Sonnabend*. Witzigerweise handelt es sich dabei um ein Importwort, das der Missionar Bonifatius aus England Ende des 8. Jahrhunderts mit nach Thüringen und Sachsen brachte. Der Mönch kam, um zu missionieren, und verwendete die altenglische Vokabel *sunnanaefen*, die den Abend beziehungsweise den Tag vor dem *sunnandaeg*, dem Sonntag, meinte. Die Menschen in Sachsen ließen sich bekehren und nahmen das Wort in ihre Sprache auf. Die Westfriesen dagegen erschlugen Bonifatius, sie wollten keinen *Sonnabend* und sagen noch heute in den Niederlanden *zaterdag*. Da die Leute in Sachsen friedfertig sind, setzt sich langsam der *Samstag* durch, den die Menschen aus Westdeutschland mitbrachten. Es ist das noch ältere Wort, das ursprünglich auf das hebräische Wort *Sabbat* zurückgeht.

Bleibt eine wichtige Zeitangabe, die zu Verwechslung führen kann: *Morschn*. Das kann der Tagesbeginn sein, genau wie der nächste Tag. *Morschnmorschn* lautet die mundartliche Kurzform für: »am morgigen Morgen«. *Morschnmuffl* sind jene Menschen, die am Morgen muffeln und keine Zeit für gute Laune haben. Der guten Ordnung halber sei erwähnt, das *Morschn* ebenso Osten bedeutet, jedenfalls in alten Wetterregeln. Zudem ist der *Morschn* ein Ackermaß von örtlich unterschiedlicher Größe. Es kann also in Sachsen durchaus *Morschnmorschn aus Morschn ä morschngroßes Gewiddr komm.* Na dann: *Gudn Abnd!*

Wobei der *Abnd* nicht nur das Tagesende kennzeichnet, sondern Glück oder Hoffnung beschreibt. Da die Sonne am Abend im Westen untergeht, beschreibt *der Abnd* auch diese Himmelsrichtung. Der Wind kann aus *Abende* kommen. Zwischen *Morschn* und *Abnd* liegt *Middche*, die Mitte des Tages samt Mahlzeit. Das heißt auch »Guten Appetit!«. Aber dafür ist keine Zeit, also kurz: *Gudn!* **Peter Ufer**

V spricht der Sachse meistens wie ein F. Und deshalb meinen viele, man könne es gleich ganz einsparen und alle V-Wörter mit F schreiben. Bei der Vorsilbe *-vor* würde dann *-for* und bei *-ver -fer* geschrieben, um das *V* und das *F* gar nicht erst zu verwechseln. Dennoch existieren Wörter, die das *V* vorn nötig haben.

vagahd leer, frei, unbesetzt
vespern die Vespermahlzeit einnehmen
Vieh Tier; starker Mensch
Viecher Tiere, besonders Kleinvieh
viere vier
Viole Schwindel
Visage Gesicht
Viside abendliche Zusammenkunft der Dorfbewohner
Voochlbeerboom Eberesche
Vochlscheuche Scheuche
Vochlwiese Rummel, traditionsreiches Volksfest
Vogd Aufseher
von benutzt für die Umschreibung des Genitivs, z.B.: *das is das Rad von mei Brudr*
von benutzt, um einen Vergleich herzustellen, z.B.: *das is'ne Seele von Mensch*
von Kurzform von *wovon*
Vorhäuschen kleiner geschlossener Vorbau vor der Haustür
vorleischd möglicherweise
vorne vorn
Vornefür Schürze ohne Ärmel, die vorn über den Kleidern hängt

Wambe, Wansd und Wamme

Die Anatomie des Sachsen

Nach allem, was über die Anatomie des Menschen bekannt ist, setzt sich der Sachse aus mehreren Teilen zusammen. Bei deren Beschreibung kommt es zu einem Festival der Saxonyme, sodass sogar die Ärzteschaft grübelt, ob sie beim Medizinstudium alle Termini richtig erfasst hat. Los geht es mit dem Herzen, *dor Bumbe*, die das *Bludd* durch den Körper *blumbd*. Es *bumberd* Schlag auf Schlag vor sich hin.

Von oben angefangen, beginnt die Crèature de Sax mit dem Kopf, *Gobb*. Das Zentralorgan besitzt ein ganzes Konvolut an gesprochenen Alternativen, beginnend mit *Bärchl*, *Bärrne*, *Birne*, *Dähds*, *Griebs*, *Nischl*. Am bekanntesten ist der *Nischl* zu Chemnitz, ein monumentales Haupt zu Ehren des Philosophen Karl Marx. 1971 weihte SED-Chef Erich Honecker das Denkmal ein. Die Sachsen nannte die Stelle *Schädlschdädde*, eine Anspielung auf den Ort der Kreuzigung Jesu, dessen hebräisches Wort Golgatha Luther mit »Schädelstätte« übersetzte.

Karl Marx reiste zu Lebzeiten nie nach Chemnitz, aber die Stadt bekam zu DDR-Zeiten seinen Namen und den *Nischl*. Mit Gedenksteinen ist das offensichtlich so eine Sache. Die Sachsen sind die, die sich einen Marx-Kopf machten, und jene, die mit dem größten Memorial Europas an ihre größte Niederlage erinnern. 1913 weihten sie

den Koloss von Leipzig ein, das Völkerschlachtdenkmal. Manchmal wollen die Sachsen eben mit dem Kopf durch die Wand und nennen sich dann *Diggnischl*. Nicht ganz so hart sind *Irbse*, *Murml*, *Dunsdgullr*, *Färnßsche* und *Riewe*.

Die meisten verfügen auf dem Kopf über Haare: *Bäls*, *Loodn*, *ne Madde*, lange *Zoddln* oder *Zolger*. Aus dem Kopf heraus schauen zur Nah- und Weitsicht die Augen: *Oochen*, *Guggln*, *Gnäbbe*, *Gloddsn*, *Niedn*, *Näbbe*. Hervortretende Augen heißen *Glubbschoochn*. Den richtigen Riecher hat der Mensch mit der Nase, dem *Bohbldurm*, *dor Gorge*, *Giege*, *Gewärdsnälge*, *Gnolle*, dem *Leedgolbn* (Lötkolben), *Rissl*, *Riechgolbn*, *Schnarchhagn* oder *Zingn*. Darunter befindet sich üblicherweise der Mund, *dä Gusche*, *Glabbe*, *dor Rand*, *dä Schnude*, *Schibbe* oder etwas vulgärer ausgedrückt das *Fressbredd*, *dä Schnaudse* oder *Dreggschleidr*. Der sächsisch volkssprachliche Ausdruck hieß einst *Maul*, was nie abwertend gemeint, sondern die normale Entsprechung für »Mund« war. Wer den zum Schmollen oder Weinen verzieht, der zeigt eine *Fläbbe* oder einen *Flunsch*.

Innewendsch drinne in dem Mund ist Platz vorgesehen für *dä Essgämenade* samt *Gauleisde* mit *Hauern*, *Bruchurdschn* oder das *Achdundzwandsschr*. Schmerzen in den *Zähn* nennen sich *Zahnangst*, *-pein*, *-reißen* oder *-wehdage*. Dann *muggerd* es dental ganz *furchdbar*. Wenn die *Mamfwergzeuche* nicht mehr existieren, isst der Sachse *of dor Felsche*. Bei einem VEB handelt es sich um eine *volkseechne Brodese. Midn Driddn gadschd mor bessr*.

Seitlich am Kopf spitzen manche die Ohren, *Ohrn*, *Horchr*, *Leffl*, *Lauschr oder Radardiedn*. Der DDR-Geheimdienst Stasi firmierte in Sachsen unter dem Begriff *Horch un Gugg*. Viele lassen die *Luser* auch hängen, stellen auf Durchgang, sitzen auf den Ohren. Sie *hörn eefach nie droff*. Dann ruft der Ansager seinem Gegenüber zu: *Här droff, här zu, här hin.* Manche hören aus dem Laut *här* auch das englische *hair* heraus, was insofern stimmt, als Haare aus den Ohren wachsen können. Gehalten wird der Kopf vom Hals mit *Gorchl* samt Nacken, dem *Genigge*, *Ganndhagn*, *Gummdleisdn*, *Schlaffidchn*. *Geh mir bloß ni andn Grachn* lautet die Warnung, keiner möge den anderen den Hals umdrehen.

Balg, *Buddn*, *Büddich*, *Bansch*, *Bandsen*, *Guller*, *Randsn*, *Wansd*, *Wambe*, *Wamme* oder etwas dicker aufgetragen *Bäffschdegg-Bungr*, *Bürger-Bug* oder *Genussgewölbe* nennt sich, was man oder frau vor sich hertragen kann, der Bauch. Schräg dahinter wölbt sich das Gesäß, *Bobs*, *Bobbo*, *Bohdäggs*, darunter bei Männern *dor Schniedl*, *Bullr*, *Bullrmann*.

Sächsische Zweibeiner nutzten Gliedmaßen wie Hände, *Flossen*, *Fohdn*, *Daddschn* sowie Füße, *Fisse*, *Gnäbbordschen*, *Rennsämmln*, große Füße *Gwadrahdladsch*, *Gwanndn*, Schweißfüße *Schweeßbemm*, *Schweeßmaugn*, *Gähsegwanndn*. Im Land geht der Witz um, dass in Leipzig und in Dittersbach bei Dresden auf der Schönen Höhe sogar Denkmäler für den Erfinder der *Gwanndn* stünden. Es handelt sich allerdings nur um Erinnerungsstätten, die den Kunsthistoriker und Mäzen Johann Gottlob von Quandt ehren, geboren 1787 in Leipzig, gestorben 1859 in Dresden.

Bleibt noch das Rückgrat des Sachsenmenschen. Er macht sich das Kreuz, das *Greidse* krumm und verdrängt den Schmerz. Wenn es dem einen oder der anderen mal nicht so gut geht, dann sieht er oder sie *gägsch* aus. Die Betroffenen wirken blass und bleich, gucken kränklich aus der Wäsche. Ihnen wird möglicherweise das *Gägn* nicht erspart bleiben. Es handelt sich darum, dass sich das Innere nach außen kehrt, aber selbst in diesem miesen Zustand verzichtet der Sachse auf einen *Dogdor* und antwortet auf die Frage, wie es geht: *Wie solls schon gehn, gesdern gings noch, läufd, gehd so, muss doch, es is wies is.* **Peter Ufer**

Das *W* ist, was es ist.

Waachnschmiere	Tadel für jene, die einen Artikel benutzen statt des Personalpronomens; Ausdruck der Rüge: *die is Zwieblliese, der is Waachnschmiere*
wabbelig	gallertartig
wächeln	wehen, flattern
wächn	wegen
wächn dir	in der Wendung *norwäschndir*: nur wegen dir oder Rentier
Wadenschdrümbe	Socken
waln	Eier zu Ostern eine schiefe Ebene hinab rollen lassen (alter Brauch)
wälgern	rollen, wälzen, bewegen
Wambe	Bauch
wamsn	prügeln, verprügeln; gierig essen, sich den Bauch vollschlagen
Wanne	Bauch
Wansd	Bauch
Wansdrammln	Bauchschmerzen
Wänsdr	nervende Kinder
wärrdln	emsig arbeiten; sich streiten
Wärschl	Kind
wärschn	arbeiten
was	Was ist schon wieder?; Wie bitte?
wedsn	rennen
Wedsgiedse	Wetzsteinbehälter
ween	weinen
Weeßgnebbchn	weiß Gott
weggriechn	begreifen; beseitigen
wegdun	wegwerfen
Weibsn	Frau
Weissblachbichs	Weißblechbüchse
welschern	drücken und drehen
werdsch	werde ich
Werfel	Würfel
wergln	arbeiten
Weun	Wagen
wichsn	Schuhe putzen; etwas werfen
Wichser	Schicksalsschlag
wichsich	ärgerlich
Wigge	in der Wendung *in dä Wigge gehn*: verloren gehen
Wiggl	Wickel, Knäuel, Rolle
Widerbarde	Widerworte
wiebln	stopfen, flicken
wienrn	polieren
Wischmobb	Reinigungsgerät
worgsn	mühsam etwas runterschlucken
Wudsch	umherliegende Sachen
wuleng	irgendwo
Wurschdbladd	Zeitung (abwertend)
würschn	hart arbeiten
wuschig	durcheinander, aufgebracht, nervös
Wurschdgewiddr	unruhiges Kind
wurdeln	schimpfen
wuhdsch	wütend

X-mal vorm Mund

Sächsische Neologismen

Mitten in der Coronapandemie galt das Volk in Sachsen wieder mal als renitent. Denn einige wollten sich nicht zum x-ten Mal bevormunden lassen, sie lehnten die präventiven Gesichtshalbmasken als sogenannten Maulkorb ab. Aber wie immer in der Sprachgeschichte macht Not erfinderisch. Der offiziell empfohlene und kompliziert zu sprechende *Mund-Nasen-Schutz* bekam im sächsischen Dialekt eine mundartgerechte Vokabel: *Schnudndeggl*.

Die *Schnude* ist der Mund, der *Deggl* das, was ihn be- und verdeckt. Das zusammengesetzte Substantiv bringt etwas zusammen, was bisher nicht zusammengehörte. Der neu geschaffene sprachliche Ausdruck erweitert den bestehenden Wortschatz. *Schnudndeggl* heißt übersetzt aber nicht einfach nur *Mundbedeckung*, sondern umfasst einen Stoff mit gesellschaftlicher Tragweite: Denn das Überziehen dieses genormten Medizinproduktes ist nicht gerade angenehm, einem bleibt die Luft weg, Sätze werden unaussprechlich, die Brille läuft an und die Ohren stehen ab. Aber man muss das wohl oder übel hinnehmen, um sich und andere zu schützen. *Nidsd dor nischd!* Das ist selbstredend doppeldeutig zu verstehen. Die Anpassung an eine neue Situation schmerzt, wird mit einem Augenzwinkern gebilligt und hingenommen, auch wenn man sich eingeschränkt fühlt oder annimmt, dass es hilft oder möglicherweise doch nichts hilft. *Mor weeß es ni*, man wusste es im Augenblick seiner Neuerscheinung noch nicht genau.

Der Dialekt gilt als guter Maßstab, ob etwas im Alltag funktioniert und welchen Wert es hat. Sächsinnen und Sachsen titulierten die Virenbinde neben *Schnudndeggl* auch als *Guschnhaadr*. In anderen Dialekten schwang bei der Wortwahl ebenfalls Ironie mit. Die Norddeutschen nannten den Niespartikelfilter zum Beispiel *Snutenpulli*, die Kölner *Schnüssjardinche* und die Hessen *Babbellabbe*. Es gab in Bayern den *Söderlabbn* und den *Goschnhalter*, im Saarland das *Schnissdouch*. Die Liste der Synonyme deutet auf einen fantasiereichen Umgang mit dem *Waffelrollo*, *Hustenstopper* oder *Rotzfänger* hin.

Der *Schnudndeggl* ist längst in den Schubladen oder im Müll verschwunden. Aber das Wort bleibt als Symbol der

Coronakrise erhalten. Es ist tatsächlich ein neues sächsisches Wort, das in der Pandemie entstand. Sonst verliert der Wortschatz ja eher seine Vokabeln. Immer weniger echte sächsische Ausdrücke werden im Alltag gesprochen. Doch wenn es darauf ankommt, erfinden Sächsinnen und Sachsen Neues zum *Babbeln*. Die Mundart zeigt sich so entwicklungsfähig. Neue Dinge bekommen neue Namen, mit den Dingen, die verschwinden, verschwinden auch ihre Bezeichnungen. So war das schon immer und so wird es auch bleiben.

Als beispielsweise 1976 in Ostberlin der Palast der Republik eröffnet wurde, nannten Sachsen ihn *Ballasd der Rebublig*. Sie beschrieben damit hämisch die Belastung, die vor allem die Bauarbeiter aus Dresden, Leipzig oder Karl-Marx-Stadt zu schleppen hatten, um in der DDR-Hauptstadt dem Proletariat einen Palast zu errichten. Der DDR-Schnaps *Kristall-Wodka* wurde unter seinem Kosenamen *Blauer Würschr* legendär. Ab Ende der 1970er-Jahre wurden in Limbach-Oberfrohna Dachzelte für Trabanten hergestellt. Der Volksmund erfand für sie die liebevolle Bezeichnung *Bension Sachsenruh*. Heute heißt die Datsche zum Mitnehmen *Wohnmobil* und wird im Dialekt unter anderem zum *Baladso Brodso do go*. Public Viewing verwandelten sächsische Fußballfans in *Ruhdlguggn*, *Grubbenglodsn oder Massengaffn*.

All das sind verbale Erfindungen, um einem neuen Phänomen einen Namen zu geben. Wirklich gesprochen wurden diese Begriffe immer nur temporär in bestimmten Regionen und oftmals als satirische Umschreibung. Teilweise handelt es sich um Kunstwörter, die sich Kabarettisten ausdachten, um etwas ins Lächerliche zu ziehen. Oder

Vokabeln dienten, vor allem in der DDR, dazu, englische Bezeichnungen zu umgehen. Das *Niggi* steht dafür exemplarisch als Ersatz für *T-Shirt*. Heute ist davon nur noch eine ostalgische Erinnerung übrig. **Peter Ufer**

Das *X* wird gesprochen, je nachdem, ob der Sachse es braucht oder eben nicht.

You in Wessex

Englisch ist Sächsisch

Wie fing's denn eigentlich mit dem Sachsen an? Und mit der Sächsin. Bekannt ist ihrer beider Reiselust. Schon vor 1500 Jahren *sinn mir niebrgemachd*. Nach dem Westen. Aber nicht bloß bis zum Rhein. Mit den Angeln und Jüten

übern Ärmelkanal bis nach Südengland, wo die Römer gerade *in'n Sagg gehaun haddn*. Gut, paar Friesen waren auch noch dabei.

Die Sachsen marschierten nach Norden und kamen an einen breiten Fluss. Sie steckten ihre Speere in den Ufersand und setzten die Helme ab. Es war später August und die Sonne drückte durch die Wolken. Ein Sachse seufzte: *»Oor is das änne Dämmse!«* Und so heißt der Fluss heute noch.

Um ein Haar wäre Sächsisch die Landessprache in England geworden. Aber leider haben wir 1066 die Schlacht von Hastings verloren. Gegen die Normannen. Und so erinnern heute nur noch die südlichen Grafschaften an unsere Anwesenheit damals: Essex, Wessex, Sussex und Middlesex = Ostsachsen, Westsachsen, Südsachsen und Middlesex bedeutet nicht Sex für die mittleren Jahrgänge, sondern Mittelsachsen.

Aber einen Sieg haben die Angelsachsen errungen: 30 Prozent der britischen DNA stimmen heute mit der deutschen überein!

Übereinstimmung führt generell zu einem gewissen Ausgleich. Das war auch die Absicht des Leipziger Kabaretts »academixer«***, als es 1981 zum ersten Mal ein sächsisches Programm auf die Bühne brachte. Sächsisch hatten die Nationalsozialisten ja 1936 von der Bühne verdammt. 600 sächsische Mundartkomiker mussten ihre Programme in einer Fremdsprache präsentieren: in Hochdeutsch. Und nach 1945 war der Dialekt wegen des

*** Die »academixer« waren 1966 von einem Vogtländer, einem Erzgebirgler und zwei Sachsen aus Zwickau und Dresden als Studentenkabarett gegründet worden. 1979 wurden sie als erstes Amateurensemble in der DDR zum Profikabarett.

sächselnden Walter Ulbricht nur mit Vorsicht im Kabarett zu verwenden. (Ein Funktionär der Partei durfte um Himmels Willen nicht sächsisch sprechen! Vielleicht gerade noch die Leiterin der Konsumverkaufsstelle.)

Und so hieß das Programm »*Dr Saggse – Mänsch und Miedos*«. Die Übereinstimmung von Mensch und Mythos wurde in 366 Vorstellungen komplett erreicht. Bis heute ein Rekord.

Der Mythos weist auf die Vorzeit, das Vorgeschichtliche, das Archaische. Und genau das ist ein Aspekt des Sächsischen. Dieses aus dem Urzustand, dem Unbekannten Hervorbrechen kennzeichnet unsere Muttersprache. Der Sachse tastet sich heran an das Heute, indem er genussvoll das Gestrige schöpft – erschöpft. Erschöpft lehnt er sich zurück und lauscht genussvoll dem Neuen, in dem so viel Altes mitschwingt: Müde feiert er den Mythos. Das Sächsische in seiner Vollendung …

Nun werden Sie fragen, wieso das Englische sächsisch sein soll. 60 Prozent aller englischen Wörter sind germanischen Ursprungs. Und die stammen weitgehend von Sachsen, die im Süden Englands siedelten. Seit dem 5. Jahrhundert schon. Die Neuankömmlinge sprachen nämlich angelsächsisch. Durch die Christianisierung gelangten lateinische Lehnwörter ins Angelsächsische. Als Literatursprache (seit dem 8. Jahrhundert) wird es zu Altenglisch.

Bis die Normannen die Herrschaft übernahmen und der französische Wortschatz etwa 40 Prozent des Angelsächsischen zum Mittelenglischen verdrängte. Das dauerte natürlich eine Weile. So von 1100 bis 1500. Amtssprache war das Anglonormannische. Aber die Sachsen waren noch da. Und vor allen Dingen die Sächsinnen. Sie brachten die lebenden Tiere in die Sprache ein: *cow/ox*, *sheep*, *pig/swine* und *calf*. Die Normannen das Fleisch derselben: *beef*, *mutton*, *pork* und *veal* (Rind, Schaf, Schwein und Kalb).

Viele schöne sächsische Wörter finden wir im Brexit-Land: Als ich in einem Pub zum ersten Mal das Wort *ale* für Bier hörte, dachte ich sofort: Na klar, *das gehd dir rundr wie EEL*.

Manchmal weiß auch der Sachse als Unengländer Bescheid, wenn er auf der Insel einem Gespräch lauscht: *good* = gudd und *warm* = worm. Aber Vorsicht: *Bludd* (blood) wird im Englischen wie *gudd* (good) geschrieben, aber wie *Bladd* ausgesprochen. Hat natürlich nichts mit unserem Bladd am Boome zu tun. Manchmal klingt das Englische ein Mü anders, meint aber dasselbe: *Sax* ist ein Kurzschwert, das dem Sachsen seinen Namen gab. Der Engländer sagt *sex*. Aha! Und das *Iewl* heißt sogar *iewl* (evil) und ist auch übel.

Auch das fast immer wie A ausgesprochene englische U bleibt beim *bush* ein U. (Der Irische Whiskey heißt eben nicht Baschmill!)

Und zum Schluss noch mal ganz *audändisch* sächsisch – klingt doch ziemlich englisch, oder?

Heide war dor Feierriebel da. Is offs Dach noff. Das war vorleich ä Gemurgse.

Na, du alder Gasanouwa, hasde ne Eelidssche abgeschlebbd?

Der Schornsteinfeger hat auf dem Dach gewerkelt.

Und ein alter Frauenversteher hat eine Unverheiratete begleitet. **Gunter Böhnke**

Das *Y* wird durch *I* ersetzt.

Zähn Zähne zählen

Die Zahlen der Sachsen

In Sachsen muss mit allem gerechnet werden. Zahlen sind dabei hilfreich. Aber es gibt einen eklatanten Unterschied zwischen geschriebenen arabischen Ziffern und den sächsisch gesprochenen Zahlenkombinationen.

Gestartet wird mit eins, die aber keinesfalls als eins gesprochen wird, sondern als eine *eens* oder richtig sächsisch: *enne eens*. Interessant zu wissen, dass in Sachsen »einziger« gesteigert werden kann, nämlich zu *eendsichsdr* und sogar zu *alloreendsichsdr*. Als unbestimmtes Pronomen für »man« wird *eens* ganz geschlechtsneutral zu »einer« oder »eine«: *Eens alleene gloobd das ni*. *Eens* ist aber nicht gleich *eens*, sondern es können sich auch zwei Menschen *eens* sein, nämlich einig. Wer noch keine Einigkeit erreicht hat, der benutzt einen Abzählreim, um Klarheit zu schaffen: *Eene meene Muh und raus bisd du!*

Eens un eens sin zweee. Selten im deutschen Sprachraum folgen bei *zweee* drei *e* aufeinander. Das letzte *e* muss dabei besonders betont werden, also *zwee-e*. Gelegentlich kann ein Paar mit leicht humorvollem Unterton angesprochen werden: *Na, ihr zwee beedn.* Achtung, denn hier fällt das dritte *e* weg. Zwei Dinge können mit einem Wort gezählt werden: *dos Zwees wirsde dir wo mergn gönn!* Mit *Zween* lässt sich was spielen und die Frage stellen, wer mitmacht. Joachim Ringelnatz aus dem sächsischen Wurzen schrieb zum Abzählen: *Konikoki Kakadu... Rose auf und Rose zu. Ferkel Ei und Ferkel Zwei. Wer nicht fehlt, ist mit dabei.*

Bei der Zahl drei, *dreie*, kommt es gelegentlich zu Verwechslungen mit der *Dreie*, der Treue. Wenn jemand sagt: *Die guggd aber dreie*, da hat sie nicht drei Augen, sondern blickt sehr anhänglich. Kann einer nicht bis *dreie* zählen, scheint er nicht besonders *helle* oder tut einfach *blöde*. Der *Dreier* besaß bis 1873 als Kupfermünze einen Wert von drei Pfennigen. Sollte einer aussehen wie *ä Dreier*, ist von ihm nicht viel zu erwarten. Gibt einer seinen *Dreier* dazu, dann will er unbedingt seine Meinung kundtun. Bei einem *Saggsndreier* gewinnt niemand im Lotto, sondern kauft

sich heute beim Bäcker drei verschiedene Brötchen, die aneinander gebacken sind. Ende des 19. Jahrhunderts war der *Saggsndreier* eine der bekanntesten Briefmarken Deutschlands, heute ein begehrtes Sammlerstück.

Weiter geht es mit *viere*. Die Zahl gibt sich sehr unverdächtig, hängt sich nur ein *e* an die übliche vier. *Vierbeiner* krabbeln in Sachsen über Steine, es sind Eidechsen. Vier bringt Erleichterung, so erklärt es jedenfalls eine Redensart: *Nu hammrsch doch an alln vier Zibbln* – jetzt haben wir es geschafft. Bei fünf vollzieht sich ein wichtiger Wandel in den Buchstaben. Aus dem *n* wird ein *m* und an das *f* kommt ein *e*, also *fimfe*. In Sachsen gibt es sogar die Möglichkeit zu sagen: *Du gannsd mich ma fimfrn.* Das meint ausschließlich: Lass mich in Ruhe, du bist mir gleichgültig.

Bei sechs, *sechse*, wird es richtig sächsisch, denn die Zahl spricht sich ähnlich wie das Land. *Komm her, mein Sechser* ist die höfliche Aufforderung an einen kleinen Jungen. Als *Sechser* kann ebenso das Gesäß eines Kindes bezeichnet werden, muss aber nicht. Sieben zählt sich ganz unspektakulär als *sieme* und acht als *achde*. Das Zahladjektiv neun wird gesprochen zur *neune*. *Ach, du griene Neune* ruft der Sächselnde, wenn er eine Überraschung erlebt oder erschrickt. Bei *alle Neune* freut sich der Kegelfreund, denn er hat alles umgehauen. Die Zahl steht ebenso in Kochbüchern als Rezept fürs *Neunerlei*, die traditionelle Folge von neun Speisen vorzugsweise am Heiligabend. Da folgte einst je nach sozialer Lage Hering auf Hirse, Gänsebraten auf Karpfen und darauf Bratwurst samt Sauerkraut. Allerdings sind diese Rezepte längst veraltet und werden kaum noch in neunerlei Reihenfolge gekocht. Genau wie der Spruch *mir fehln ma widdr neunundneundssch Fengge an nor Marg*. Da hat einer gar nichts.

Was beim Essen hängen bleibt, steckt zwischen *dä Zähne*. Genau so klingt auch zehn, *zähne*. *Elfe* hat einen märchenhaften Anschein wie die Elfe. *Zwelfe* und *dreidsn* stehen vor der *färdsn*, die beim Sprechen auch zum Himmel stinken kann. *Dschuldschung!* Fünfzehn spricht sich *Fuffdsn*, ist aber nicht nur eine Nummer, sondern bezeichnet gleichzeitig eine Pause von fünfzehn Minuten. *Mach mor ma ne Fuffdsn!* Vorsicht vor einem *falschn Fuffdschr*, denn wer will es schon mit einem hinterhältigen, unaufrichtigen Menschen zu tun haben.

In Zehnerschritten zählen geht im Sächsischen sehr geräuschvoll, es entsteht geradezu melodisch *enne eendsichsde* Zischlaut-Kaskade: *zwandssch, dreissch, vierdssch, fufdssch, sechdssch, sibbdssch, achddssch, neundssch.* Völlig zischfrei redet sich dagegen *hunerd*, hundert. Und *vierdssch ma fufdssch* ergibt zischlos *zweedausnd*. Zum Schluss zur Probe runterzählen: *fuffdsn, färdsn, dreidsn, zwölfe, elfe, zähne, neune, achde, sieme, sechse, fümfe, viere, dreie, zweee, eense.* Je nach Sprachregion kann das e am Ende auch subtrahiert werden. **Peter Ufer**

Das *Z* am Ende wird meistens durch *ds* ersetzt, Rotz wird *Rods*. Am Wortanfang bleibt es erhalten, aus der Vorsilbe *zer-* wird gern *zor-*.

zabbnduhsdr dunkel
zach geizig
zädrig zäh
Zäbbe Zöpfe
Zasdr Geld
Zaugschn Maiglöckchen
zeggln ärgern
Zenssche altes stumpfes Messer
zordäbbrn zerschlagen
zergniedschn zerknittern
zorillrn lachen
zorlaadschn kaputt treten
zorlechdsn rissig, undicht werden
zormarachln durcheinanderbringen
zormädschn zerquetschen
Zermon Theatermacher
Zerrwansd Akkordeon
zorscherbln zerschlagen
zorwärschn etwas kaputt machen
zeschln (auf dem Eis) schlittern
Zimmddsiesche verschrobene weibliche Person
Zieche Bettbezug; Ziege (Schimpfwort)
Ziechnwirdschafd Kleinbauernwirtschaft
ziffzen wehtun
Zindern Schmerzen
Zingn Nase
Zibb und Zabbl Hab und Gut
Zibbl Zipfel
Zoddln Haare
Zoff Streit
zschinnern rutschen
zulbn langsam trinken
Zudegge Federbett, Decke
zudschn saugen
zu habbich zu gierig
Zulkerloden lange Haare
Zulle kräftiges Mädchen
Zulbzudschnudsch Schnuller, Trinkbeutel
zurande zurecht
zwiebln schmerzen
zwidschern einen trinken, in der Wendung *mir ham een gedschwidscherd*: wir haben etwas getrunken

Nacherds

DUDEN Sächsisch

Immer, wenn wir SCRABBLE gespielt haben, rief meine Großmutter Hedwig gleich am Anfang: *Duhdn Duhdn hähr!* Denn nur was im Duden stand, wurde beim Auslegen anerkannt. Anerkannt war der Duden als Kriterium für die Gültigkeit eines deutschen Wortes in unserer Familie, weil er ein Sachse war. Das heißt, er war zuverlässig. Er war bodenständig. Und er stammte noch – wie meine Großeltern – aus dem Kaiserreich! Der Duden hatte ja 1880 im Bibliographischen Institut in Leipzig das Licht der Welt erblickt.

Also ein echtes sächsisches Kind. Sein Vater Konrad war Lehrer, später Schuldirektor. Der wusste, was er tat. Das erkannten nach kurzer Zeit auch die Schweizer und etwas später die Österreicher. Sie übernahmen den Duden.

Konrad Duden starb leider schon 1911 nach der 8. Auflage (1905) des »Vollständigen Orthographischen Wörterbuchs der deutschen Sprache«. In diesem Jahr studierten in Sachsen immerhin schon 92 junge Frauen an Hochschulen. Das sind fast 100 Sächsinnen! Und wie viele besaßen einen Duden? Wir wissen es nicht. Aber was wir wissen, ist die Tatsache, dass in den beiden Weltkriegen nur je eine Dudenauflage erschien. In Zeiten des Unrechts wird die Rechtschreibung entbehrlich.

Und so erschien der erste Nachkriegsduden 1947 in Leipzig in dem Volkseigenen Betrieb Bibliographisches Institut. In der 13. Auflage. Fast alle der 883 nationalsozialistischen Ausdrücke wurden von uns gelöscht.

Westdeutschland, Österreich und die Schweiz erhielten Abdruckrechte.

Sieben Jahre später veröffentlichte der Verlag Bibliographisches Institut AG in Mannheim eine eigene Überarbeitung. Der West-Duden war geboren. Der Geburtsschmerz beim Leipziger BI hielt sich in Grenzen. Noch in den 1960ern haben wir versucht, eine Spaltung der Rechtschreibung in Deutschland zu verhindern.

Das hängt mit dem sächsischen Harmoniebedürfnis zusammen. So haben wir noch 1965 auf »DDR« und »BRD« zugunsten von »Deutschland« verzichtet. Das haben wir dem Ulbricht aber nicht gesagt. Der hatte nämlich gar keinen Duden. Weil es keinen sächsischen gab!

Dennoch durften wir Wörter wie *Weltreise* oder *Staatsstreich* bis 1985 nicht kennenlernen. Übrigens folgte auf das Wort *Personal* im Duden-Ost die *Personalakte* im Duden-West der *Personalabbau* ...

1991 erschien die 20. Auflage, der erste Einheitsduden. Ost- und West-Duden vereinigten sich. Also sie wurden vereinheitlicht. Das Bibliographische Institut Leipzig verschwand und das Bibliographische Institut & F.A. Brockhaus AG Mannheim kriegte einen Blähbauch.

Fünf Jahre danach gab es eine Rechtschreibreform. Für ganz Deutschland.

Und so hieß die 21. Auflage des Dudens 1996 der Reformduden. Das bedeutete nicht, dass der Duden reformiert wurde. Sein Image wurde deformiert. Er verlor sein Monopol. Jetzt galten in Deutschland auch andere Wörterbücher, die die amtliche Rechtschreibregelung darstellten, als verbindlich. Allen voran der Große Wahrig, das Rechtschreibwörterbuch aus dem Bertelsmannverlag. Und woher kam Professor Gerhard Wahrig? Vom Bibliographischen Institut Leipzig! Ein Sachse aus Burgstädt bei Chemnitz. Der 1959 »nübergemacht« war. Mehr sag ich nicht.

Doch, vielleicht nur noch das: Die 28. Auflage des Dudens erschien 2020 unter der Regie von Dr. Kathrin Kunkel-Razum, die an der Uni Leipzig promovierte.

(Wenn »der Duden« durch einen Artikel ersetzt wurde, haben wir »er« benutzt. Das tut uns leid. Sobald in der nächsten Dudenauflage »die Düdin« erscheint, werden wir sie selbstverständlich durch den Artikel »es« repräsentieren.)

Gunter Böhnke

Verwendete Literatur

Bergmann, Gunter (Hrsg.) (2012), Sächsisches Volkswörterbuch. Leipzig: Lehmstedt-Verlag.

Böhnke, Gunter (2023), Säggs'sch – Fast vergessen. Leipzig: Buchverlag für die Frau.

Rainer Hünecke (Hrsg.)/Jakob, Karlheinz (Hrsg.) (2012), Die obersächsische Sprachlandschaft in Geschichte und Gegenwart. Heidelberg: Universitätsverlag Winter GmbH Heidelberg.

Lange , Bernd-Lutz (1994), Deutsch-Sächsisch: Machense geene Fissemaddenzchn! Köln: Eichborn.

Müller-Fraureuth, Karl (1906), Sächsische Volkswörter. Beiträge zur mundartlichen Volkskunde. Dresden. Verlag Wilhelm von Baensch.

Ufer, Peter (2018), Der Neue Gogelmosch: Das exklusive Wörterbuch der Sachsen. Dresden: DDV Edition.

Ufer, Peter/Pauls, Tom (2015), Deutschland, deine Sachsen: Eine respektlose Liebeserklärung. Berlin: Aufbau-Verlage.

NABOLEON

(Ä DUBL)

Impressum

Redaktion Dr. Kathrin Kunkel-Razum
Text Gunter Böhnke, Dr. Peter Ufer
Illustration Axel Bierwolf
Umschlaggestaltung und -abbildung Tom Leifer Design, Hamburg
Layout und Satz Dirk Brauns, estra.de, Berlin

www.duden.de
www.cornelsen.de

1. Auflage, 4. Druck 2026

Druck Livonia Print, Riga

ISBN 978-3-411-75684-1

PEFC zertifiziert
Dieses Produkt stammt aus nachhaltig bewirtschafteten Wäldern und kontrollierten Quellen.

www.pefc.de

Praise for *Speak Tenderly*

There is a holy winsomeness hardwired into Ivan Filby. It flows generously from his person, his writing and his ministry. No one could be more perfectly gifted to teach us about prophetic ministry.

—Shane L. Bishop, Senior Pastor
Christ Church, Fairview Heights, Illinois (USA)

Ivan's book is a little gem for Christian ministry. His passion for Christ and the church is evident throughout. His writing is humorous, insightful, practical, and, most importantly, grounded in biblical teaching. This is a book I will return to and share with friends.

—Rev. Des Curtis, St. Marks South
Dublin, Ireland

This is a just-in-time book, providing thoughtful content rooted in Scripture, reason, and substantial life experience. An easy read for individual reflection or group study that provides context for confidence that we are invited to participate with the Holy Spirit on a journey toward the Father.

—Norman D. Hall, EdD, President
Simpson University, Redding, California

Speak Tenderly is an Olympic-size swimming pool of spirituality, which Ivan invites us to dive into. Each time we prepare to jump, Ivan is there alongside us, giving us advice and encouragement. And then, when we take the plunge, we find him there in the pool to swim a few spiritual lengths with us as he mixes engaging, inspiring personal anecdotes with practical exercises and scriptural insight.

—Mike Elms, Chair Christian Publishing and Outreach
Tonbridge, Kent, United Kingdom

Many who lay aside prophetic ministry as a divisive practice should listen to the deeply moving insights of this book. The Holy Spirit is active and desires a natural connection with us. And the human heart deeply desires to be known by God. In his writing, Dr. Filby approaches this authentic work of God with tenderness and grace that is clearly consistent with the heart of God for people.

—Rev. Kevin Mannoia, PhD
Founder, Wesleyan Holiness Connection
Former Bishop, Free Methodist Church
Former President, National Association of Evangelicals, USA

Through Ivan's stories, scriptural insights, and thought-provoking questions, you will be encouraged and inspired to actively listen to the one who longs to speak to you.

—Jerry Coleman, Director of
Francis Asbury Society International
Asbury, USA

Ivan combines fascinating stories of the way God has given him prophetic words with a clear explanation of the relevant biblical passages undergirding all prophecy. The chapters unfold with gentle humour and self-effacing honesty. It is hard to imagine Christians reading this and not being excited by how God can give them prophetic words too.

—Andy Peck, host of The Leadership Show
Premier Christian Radio, United Kingdom

Biblically accurate. Theologically robust. Really practical. And exciting! Ivan has done a masterful job in providing a how-to guide for those wanting to share prophetically without producing something trite or simplistic.

—Rev Gary Gibbs, National Director, REACH,
Elim Pentecostal Churches, United Kingdom